大都會文化
METROPOLITAN CULTURE

大都會文化
METROPOLITAN CULTURE

大都會文化
METROPOLITAN CULTURE

大都會文化
METROPOLITAN CULTURE

做人先做事

後做事

全集

《全新修訂版》

做人是做事的開始
做事是做人的結果

前言

做人有做人的法則和技巧，做事有做事的規律和竅門。作為一個現代人，在商業社會裡打拚，只有熟練掌握這些法則、規律、技巧和竅門，才能步入成功者的行列。

天下最難的是做人，不會做人的人，就不可能贏得人生勝局。這不是大話，而是實話。對於現代人而言，「會做人」講的是要有好的人品、有敬業精神、有合作精神、有情義、有擔當。

做人的成敗與做事成敗密切相關。美國行為學家有一句名言：「做人是做事的開始，做事是做人的結果。把握不住這兩點的人，永遠都是邊緣人！」的確，只有精通做人的道理，歷經做人的歷練，才能胸懷大智、心裝大事，才能通過健全的心智、充沛的精力、正確的行動，求得事業的成功。

成功之道，在以德而不以術，以道而不以謀，以禮而不以權。成大事的人往往都有一顆謙虛謹慎的心，都是不把自己的真正實力暴露出來的人。做人做事不鋒芒畢露，不狂妄，不驕不躁，韜光養晦，大智若愚，大巧若拙。

俗話說，飯要一口一口地吃，事要一件一件地做。做人踏實本分，才能獲得別人的尊重，自己也能夠問心無愧。所謂成就感並非是一步登天，而是在一步一步走過後，回頭再看來路時那發自內心的欣慰與愉悅之情。一步步走來，切勿急切行事，用心急躁，急功近利的人是做不了什麼大事的。

你種下什麼，收穫的就是什麼。

成功者之所以成功，在於做人的成功！

失敗者之所以失敗，在於做人的失敗！

無論如今你的人生事業處在什麼階段，用心研讀和遵循本書給你的忠告，你將能受益終身。

目錄

Chapter 3

Chapter 4

目錄

Chapter 7 做事篇

Chapter 10 用心謀劃職業前程 237

做人篇

Chapter

1

做人，關係到一生成敗

做人時，應當提高自己控制憤怒情緒的能力，時時提醒自己，有意識地控制情緒的波動。千萬別動不動就指責別人，喜怒無常，改掉這些壞毛病，努力使自己成為一個容易接受別人和被人接受、性格隨和的人。只有這樣的人，才能深悟以「和」為本的做人之妙。

拿破崙．希爾的人生轉折

「成功大師」拿破崙．希爾某天和辦公室大樓的管理員發生了誤會。這場誤會導致了他們兩人之間彼此憎恨，甚至演變成激烈的敵對狀態。

這位管理員為了顯示他對拿破崙．希爾一個人在辦公室中工作的不滿，就把大樓的電燈全部關掉，這種情形一連發生了幾次。有一天，拿破崙．希爾要準備一篇預備在第二天晚上發表的演講稿，當他剛剛在書桌前坐好時，電燈熄滅了。

拿破崙．希爾立刻跳起來，奔向大樓地下室，他知道可以在那兒找到這位管理員。當拿破崙．希爾到那兒時，發現管理員正忙著把煤炭一鏟一鏟地送進鍋爐內，同時一面吹著口哨，彷彿什麼事情都未發生似的。

拿破崙．希爾立刻對他破口大罵。一連五分鐘之久，他都以比管理員正在照顧的那個鍋爐內的火更燙辣的詞句對他痛罵。最後，拿破崙．希爾實在想不出什麼罵人的詞句了，只好放慢了速度。

這時候，管理員直起身體，轉過頭來，臉上露出開朗的微笑，並以一種充滿鎮靜與自制的柔和聲調說道：「你今天有點激動，是不是？」

他的話就像一把銳利的短劍，一下子刺進拿破崙．希爾的身體。

想想看，拿破崙．希爾那時候會是什麼感覺。站在拿破崙．希爾面前的是一位文盲，既不會寫也不會讀，但他卻在這場舌戰中打敗了自己，更何況這場戰鬥的場地以及武器，都是自己所挑選的。

拿破崙．希爾的良心受到了譴責。他知道，他不僅被打敗了，而且更糟糕的是，他是錯誤的一方，這一切只會更增加他的羞辱。

拿破崙．希爾知道，自己必須向那個人道歉，內心才能平靜。最後，他費了很久的時間才下定決心，決定再次回到地下室，去忍受這個羞辱。

來到地下室後，他把那位管理員叫到門邊。管理員以平靜、溫和的聲調問道：「你這一次想要幹什麼？」

拿破崙．希爾告訴他；「我是回來為我的行為道歉的——如果你願意接受的話。」

管理員臉上又露出了微笑：「憑著上帝的愛心，你用不著向我道歉。除了這四堵牆壁，以及你和我之外，並沒有人聽見你剛才所說的話。我不會把它說出去，我知道你也不會說出去的，因此，我們不如就把此事忘了吧！」

這段話對拿破崙．希爾所造成的傷害，更甚於管理員第一次所說的話，因為他不僅表示願意原諒自己，更表示願意協助他隱瞞此事，不使它宣揚出去，不對拿破崙．希爾造成傷害。

拿破崙．希爾向管理員走過去，抓住他的手，使勁地握著。拿破崙．希爾不僅是用手和他握手，更是用心和他握手，在走回辦公室的途中，拿破崙．希爾感到心情十分愉快，因為他終於鼓起勇氣，化解了自己做錯的事。

此後，拿破崙．希爾下定了決心，以後絕不再失去自制。因為一失去自制之後，另一個人——不管是一名目不識丁的管理員，還是有教養的紳士都能輕易地將自己打敗。在下定這個決心之後，拿破崙．希爾的身上立刻發生了顯著的變化，他的筆開始發揮出更大的力量，他所說的話更具分量。他結交了更多的朋友，敵人也相對減少了很多。這個事件成為拿破崙．希爾一生當中最重要的一個轉捩點。

拿破崙．希爾說：「這件事教育了我，一個人除非先控制了自己，否則他將無法控制別人。它也使我明白了這兩句話的真正意義：『上帝要毀滅一個人，必先使他瘋狂。』」

學會克制和忍耐

清人傅山說過：憤怒達到沸騰時，就很難克制住，除非「天下大勇者」便不能做到。中國古語講：「小不忍則亂大謀。」如果你想和對方一樣發怒，你就應想想「爆發」會產生什麼後果，這時你就應該努力克服怒氣，無論這種自制是十分吃力。

漢初名臣張良外出求學時曾遇到一件事。一天，他走到下邳橋上遇到一個老人，穿著粗布衣服，在那裡坐著，見張良過來，故意將鞋子掉到橋下，朝著張良說：「小子，下去給我把鞋撿上來！」

張良聽了一愣，本想發怒，因為看他是個老年人，就強忍著到橋下把鞋子撿了上來。老人說：「給我把鞋穿上。」張良想，既然已經撿了鞋，好事做到底，就跪下來給老人穿鞋。

老人穿上後笑著離去了。一會兒又返回來，對張良說：「你這個小夥子可以教導。」於是約張良再見面。這個老人後來給張良傳授了《太公兵法》，使張良最終成為一代良臣。

老人考察張良，就是看他有沒有遇辱能忍，自我克制的修養。有了這種修養，「孺子可教也」，今後才能擔當大任，處理複雜的人際關係和艱巨的事情，才能遇事冷靜，知道禍福所在，不意氣用事。

唐代宰相婁師德的弟弟要去代州都督府上任，臨行前，婁師德對弟弟說：「我沒多少才能，現位居宰相，如今你又得州官，得的多了，會引起別人的嫉恨。該如何對待？」

他弟弟回答說：「今後如果有人往我臉上啐唾沫，我也不說什麼，自己擦了就是。」婁師德說：「這正是我擔心你的。那人啐你，是因為憤怒，你把它擦掉了，就是抵擋那人怒氣的發洩。唾沫不擦自己也會乾的，倒不如笑而接受呢。」

婁師德兄弟的這番談論，有打比方、開玩笑的成分，其中意思就是要忍耐、要退讓，不要去和對方「針尖對麥芒」。不然，就會更加激怒對方，使矛盾尖銳化，帶來更嚴重的後果。

在法國發生了這樣一則故事：阿蘭．馬爾蒂是法國西南小城塔布的一名員警，這天晚上他身著便裝來到市中心的一間煙草店門前。他準備到店裡買包香煙，這時店門外一個叫埃里克的流浪漢向他討煙抽。馬爾蒂說他正要去買煙。埃里克認為馬爾蒂買了煙後會給他一支。當馬爾蒂出來時，喝了不少酒的流浪漢纏著他討煙。馬爾蒂不給，於是兩人發生了口角。隨著互相謾罵和嘲諷的升級，兩人情緒逐漸激動。馬爾蒂掏出了警官證和手銬，說：「如果你不老實點，我就給你一些顏色看。」

埃里克反唇相譏：「你這個混蛋員警，看你能把我怎麼樣？」在言語的刺激下，兩人扭打成一團。旁邊的人趕緊將兩人分開，勸他們不要為一支香煙發脾氣。

被勸開後的流浪漢咒罵地向附近一條小路走去，他邊走邊喊：「臭員警，有本事你來抓我呀！」失去理智、憤怒不已的馬爾蒂拔出槍，衝過去，朝埃里克連開四槍，埃里克倒在了血泊中……

法庭以「殺人罪」對馬爾蒂作出判決，他將服刑三十年。

一個人死了，另一個人坐牢，起因是一支香煙，罪魁禍首是失控的激動情緒。

生活中我們常見到當事人因不能克制自己，而引發爭吵、打架，甚至流血衝突的情況。有時僅僅是因為你踩了我的腳，一句話說得不恰當，就引起衝突。

在搭捷運時挨了一下擠，在公車上爭搶座位，都可能成為引爆一場口舌大戰或拳腳演練的導火線。在社會治安案件中，有相當多的案件都是由於當事人不能冷靜地處理事情而發生的。

人皆有七情六欲，遇到外界的不良刺激時，難免情緒激動、憤怒，這是人的一種自我保護的本能和心理反應。但這種激動的情緒不可放縱，因為它可能使我們喪失冷靜和理智，使我們不計後果地行事。

因此，我們在遇到事情時，在面對人際矛盾時，要學會忍耐。如果你忍不住別人的刺激，又快要如火山一樣爆發，就試試前美國總統傑弗遜所教的方法：「生氣的時候，開口前先數到十，如果非常憤怒，先數到一百。」

不要讓憤怒的情緒衝出來

做人常有兩種類型：一是理智型，一是情緒型。前者能夠控制住自己的情緒，冷靜地處理所面臨的問題，後者則動輒憤怒，不計一切後果。若你是一個欲成大事者，你就應該注意，力戒讓憤怒情緒從你的身上衝出來。

與其他所有情緒一樣，憤怒不會無緣無故地產生。憤怒是你經歷挫折和不愉快後的一種反應，消極地對待與你的願望不相一致的現實。事實上，極端憤怒是一種精神錯亂——每當你不能控制自己的行為時，你便有些精神錯亂。

因此，每當你氣得失去理智時，便暫時處於精神錯亂狀態。當你遇到不如意的事情時，就告訴自己：事情不應該這樣或那樣，於是你感到沮喪、灰心；然後，你便會做出自己所熟悉的憤怒反應，因為你認為這樣會解決問題。

但只要你不去改正，憤怒情緒將會阻止你做好事情。成大事者是不會被憤怒情緒所左右的。歷史上有好多這樣的例子，一個人只有壓下怒火，不傷和氣，才能成功，而憑著一怒之氣行事的則大多失敗了。請看下面的例子：

在三國時期，關羽失守荊州，敗走麥城被殺，此事激怒劉備，遂起兵攻打東吳，眾臣之諫皆不聽，實在是因小失大。正如趙雲所說：「國賊是曹操，非孫權也。宜先滅魏，則吳自服，操身雖斃，子丕篡盜，當因眾心，早圖中原……不應置魏，先與吳戰。兵勢一交，不得卒解也。」

諸葛亮也上表諫止曰：「臣這等切以吳賊逞奸詭之計，致荊州有覆亡之禍；隕將星於鬥牛，折天柱於楚地，此情哀痛，誠不可忘。但念遷漢鼎者，罪由曹操；移劉祚者，過非孫權。竊謂魏賊若除，則吳自賓服。願陛下納秦宓金石之言，以養士卒之力，別作良圖。則社稷幸甚！天下幸甚！」

若劉備看完後，把表擲於地上，說：「朕意已決，無得再諫。」執意起大軍東征，最終導致兵敗。

從這件事中可以看出，在關鍵時刻是不能讓怒火左右情感的。不然你會為此付出代價。

其實，並非人人都會不時地表露自己的憤怒情緒，憤怒這一習慣行為可能連你自己也不喜歡，更不用說他人感覺如何了。所以，你大可不必對它留戀不捨，它不能幫助你解決任何問題。任何一個精神愉快、有所作為的人都不會讓它跟隨自己。

每當你以憤怒來應對他人的行為時，你會在心裡說：「你為什麼不照我的話做呢？這樣我就不會動怒，甚至會喜歡你。」然而，別人不會永遠像你希望的那樣說話、辦事；實際上，他們在大多數情況下都不會按照你的意願行事。這一現實永遠不會改變。

其實，你大可不必動怒；只要你想想，別人有權以不同於你所希望的方式說話、行事，你就會對世事採取更為寬容的態度。對於別人的言行，你或許不喜歡，但絕不應動怒。動怒只會使別人繼續氣你，並會導致生理上、心理上的病症。你完全可以做出選擇——要麼動怒，要麼以新的態度對待世事，最終消除憤怒。

下面是消除憤怒情緒的若干具體方法，供參考：

❶當你憤怒時，首先冷靜地思考，提醒自己：不能因為過去一直消極地看待事物，現在也必須如此，自我意識是至關重要的。

❷當你想用憤怒情緒教訓人時，可以假裝動怒，提高嗓門或板起面孔，但千萬不要真的動怒，不要以憤怒所帶來的生理與心理痛苦來折磨自己。

❸當你發怒時，提醒自己，人人都有權根據自己的選擇來行事，如果一味禁止別人這樣做，只會加深你的憤怒。你要學會允許別人選擇其言行，就像你堅持自己的言行一樣。

❹請可信賴的人提醒你。讓他們每當看見你動怒時，便提醒你。你接到信號之後，可以想想看你在做什麼，然後努力抑制。

❺當你要動怒時，花幾秒鐘冷靜地描述一下你的感覺和對方的感覺，以此來消氣。最初十秒鐘是至

關重要的，一旦你熬過這十秒鐘，憤怒便會逐漸消失。

❻不要總是對別人抱有期望。只要沒有這種期望，憤怒也就不復存在了。

❼改變心態。憤怒常常是虛榮心強、心胸狹窄、感情脆弱所致，對此，可以用疏導的方法將煩惱與怒氣導引到高層次，昇華到積極的追求上，以此激勵起發奮的行動，達到轉化的目的。

❽主動控制。主要是用自己的道德修養、意志修養緩解和降低憤怒的情緒。在要發洩怒氣時，心中默唸：「不要發火，息怒、息怒。」會收到一定的效果。

性情豪爽要適度

性情豪爽是一件好事，但是態度過於隨便的人卻難以獲得別人的尊敬，而且這種性情的人還會給自己的生活增加一些麻煩，比如：他們由於說話不注意分寸，常常會惹長輩生氣；不顧場合地開玩笑，無意間傷害到朋友。

另外，對待身分和地位比你高的人採取這種毫無顧忌的態度，會使對方覺得你沒有涵養，不值得重用；對待身分和地位比你低的人態度過於隨便，也容易使對方誤解，讓他以哥兒們意氣相待，甚至提出不當的要求。

開玩笑的情形也是如此，如果你凡事都喜歡開玩笑，即使在講正經話的時候，也很難叫人相信。

以我們自己的生活體驗，在一些娛樂性的場合，我們經常會想起這類人的加入。比如，因為那個人歌唱得很好聽，我們感覺和他相處得很愉快；或者因為他喜歡講笑話，非常有趣，所以我們高興約他一起去吃飯……

人們之所以樂意在這些場合找他，主要是為了娛樂的需要，但是，如果人們只是在這種時候才想到他，這並不是一件什麼好事，也不是在真正誇讚一個人，反過來有可能是在貶損他。至少一個只有娛樂這方面「優勢」的人，是不會被他人委以重任的，因而也不會受到人們發自內心的尊敬。

如果一個人僅以一方面的特長去獲得別人的友誼，這樣的人其實沒有什麼價值可言。由於他不具備其他特長，或者不懂得如何來發揮其他方面的優點，他也就很難得到他人的尊敬。記住：一個重要的處世原則就是，不論在任何時刻、任何境地，都要保持一種「穩重」的生活方式和處世態度。

那麼，到底怎樣才是具有穩重的態度呢？所謂具有穩重的態度，就是在待人接物中要保持一定的「威嚴」。當然，這種帶有一定威嚴的態度與那種驕傲自大的態度是完全不同的，甚至可以說是與之完全相反。這種反差就如同魯莽並不是勇敢的表現，亂開玩笑並不是機智一樣。

一個具有穩重態度的人，是絕對不會隨便向別人誇口炫耀的；他也不會八面玲瓏，四處討好他人；更不會任意滋事造謠，在背後批評別人。具有這種態度的人，不僅會將自己的意見謹慎清楚地表達出來，而且還能平心靜氣地傾聽和接受別人的意見。如此待人處世的態度，則可以說是一種具有穩重的威嚴感的態度。

這種穩重的威嚴感也可以從外在表現出來，即在表情或動作上表現出慎重其事的模樣。當然，如果你能在此基礎上，再加上生動的機智或高尚的氣質這種內在的東西，就更能增進你的威嚴感。

相反，如果一個人凡事都採取一種嘻嘻哈哈，對任何事都無所謂的態度，在體態上總是搖搖晃晃，顯得極不穩重，就會讓人覺得你十分輕浮。如果一個人的外表看上去非常威嚴，但在實際行動上卻草率之至，做事極不負責任，這樣的人也仍然稱不上是一個具有穩重威嚴感的人。

不要成為感情的奴隸

每個人都有七情六欲，感情是人類特質的一種思維，它既淺薄又深厚，既純真又費解。它像一隻無形的手，不時地在左右著你對各種事情的處理。但是，一個真正有理智的人是不會輕易地讓感情控制住自己的，他在處理事情的時候絕不會感情用事，以致缺乏冷靜的思考。

人都有感情，但感情的表現絕不是體現在感情用事上，如果那樣的話，許多事情你將後悔莫及。

在莎士比亞著名的戲劇《奧賽羅》當中，男主角奧賽羅就是由於缺乏理智，感情用事，一味地輕信小人伊阿古的讒言，而親手殺死了自己心愛的妻子苔絲狄蒙娜。

當事情真相大白之後，奧賽羅終於明白是自己冤枉了妻子，後悔不已，最終以自殺來向妻子謝罪。這當然是藝術而不是現實生活，但誰也不能否認，現實生活中確實存在著這樣的悲劇。

所以，我們說遇事，不管是大事還是小事，千萬要冷靜，切不可感情用事。感情用事的人大多是因為遇事欠冷靜。實際上，遇事冷靜地考慮一下，可能會找到更好的解決辦法，效果通常是好的。

比如，當你的朋友因為某個問題與你爭吵起來，你可能很有理由，但你的朋友卻不講理，且對你步步相逼，這時你很可能壓抑不住自己而想動手。

如果這時你強迫自己冷靜一下，控制住感情，或是暫時避開一會兒（這絕不是示弱），等對方也平靜下來，再與他講道理，那麼你既可以不失去這個朋友，而且還可以表現出你的大度。

相反，假如你控制不住自己，對朋友大打出手，失去朋友不說，你還可能釀成惡果，得不償失。

當然，我們說遇事要冷靜，並不等於做事猶豫遲疑，毫不果斷。遇事冷靜只是做事前的充分準備，而且冷靜需要的時間並不長，可能只是幾分鐘或幾秒鐘的時間，但這短短的幾分鐘或幾秒鐘可能會幫助你更好地解決問題。

可以這樣說，經常進行理智的思考，遇事冷靜，不但不會延誤時機，相反會培養你的果斷力，在關鍵時刻、緊急關頭能夠當機立斷，正確地處理問題。

人的感情是很複雜的，並非很容易就能掌握，這就更需要我們提高理智，用理智來控制感情，把握感情的流向。感情是流動的，但有時候讓它安詳寧靜一會兒也是很必要的。

讓感情平靜下來，在寧靜中回味一下，思索一下，只有這樣你才不至於在人生的路上妄自宣洩。因為情感作為一種超自然能量，它既有源且有限，假若你超越理智無限度宣洩，不懂得控制自己，那麼你的感情早晚也會枯竭，最終變成一個感情缺乏的人，那時你後悔也晚了。

感情用事者多是感情不成熟的人。也許有人會說：「感情也會成熟嗎？」是的，人的感情也像果實一樣，有一個成熟的過程。感情成熟的人相應就很有理智，能夠控制自己的感情，絕不會感情用事。所以我們應該注意培養自己的感情，讓它逐步成熟起來。那麼，什麼樣的人才算感情成熟的人呢？記得有一篇文章曾經列舉了三個方面，我們不妨借鑑其中：

首先，感情成熟的人並不以幻想作自我陶醉，能面對現實，勇於接受挑戰；對前途不過分樂觀或悲觀，均持審慎的態度，不憑直覺，悉依實際，因而有良好的判斷。

其次，感情成熟的人，沒有孩提時代的依賴，能自覺自愛，自立自強，每遇困難，自謀解決，不求他人的同情與憐憫。因為性情恬逸，所以得失兩忘，享得繁華，耐得寂寞。

再次，感情成熟的人，能冷靜地支配運用感情，也能有效地控制其昇華，因此他（她）的感情，被人稱做像陳年的花雕，是那麼清醇馥郁，又如經霜的寒梅，是那麼冷豔芬芳……

這雖然不能全面地概括感情成熟的人，但用於一般衡量自己的標準，還是適用的。

人生有許多阻礙我們的事物，人生也是很坎坷的，如果我們的感情還很幼稚，那麼為人處事，成就事業，就很難獲得成功。當然，感情的成熟需要一個過程，它是人的感情經歷、生活經驗、人生觀、價值觀、幸福觀的具體體現。同時它又與個人氣質、心理、修養有關。

因此，從現實的角度來講，不管是年輕人還是老年人，不管是從事什麼樣職業的人，都應該努力培養自己的感情，因為那樣會使你的家庭更幸福，事業更輝煌。切忌做感情的奴隸，努力做一個感情成熟的人！

保持清醒的頭腦

在任何環境、任何情形之下，保持頭腦清楚；在別人失掉鎮靜時保持著鎮靜；在旁人都在做愚蠢可笑的事時，仍保持正確的判斷。能夠這樣做的人，總是具有相當的鎮定力，是一種平衡而能自制的人。

容易頭腦模糊的人，面臨突發事件，或一承受重大的壓力，就要驚惶失措。這樣的人是一個弱者，是不足委以重任的。

在別人束手無策時知道怎樣想辦法的人，在別人混亂時仍然鎮靜的人，在大責任擱在肩上、大壓力加在身上不會慌張混亂的人，才會為人歡迎，為人重視。

在各機構組織中，常常有這樣的情況：某人在各方面的能力或許還不及別的職員，但反而會突然升上重要的位置。因為老闆的眼光，並不在意某個職員的「才華」，卻注重他們清醒的頭腦、健全的理智、正確的判斷力。

老闆最需要的是那種頭腦清晰、實事求是，不但能空想，而且能真正做事的人，所以他往往忽略那些大學畢業生、學者與天才。他知道，他的業務之安全、機構之柱石，就繫於那些有正確的判斷力、有健全理智的職員。

頭腦清晰、精神平衡者的特徵，就是不因環境情形之變更而有所改變。金錢的損失、事業的失敗、憂苦與艱難，都不足以破壞他精神的平衡，因為他是有主見的。他也不會小有成功、小有順利而傲慢自滿起來。

不管處在何種環境之下，有一件事是每個人都可以做到的，這就是腳踏實地，即使跌倒也可立刻站起來，而不致失去平衡；我們應該在別人都慌張忙亂的時候，仍能鎮定如常、思慮周詳。這能給予我們很大的力量，在社會裡占重要的地位。

因為唯有頭腦清楚的人，能在驚濤駭浪中平穩地駕駛船隻的人，才是社會大眾願意付以重任、委以大事的人。動搖的人、猶豫的人、沒有自信的人，臨到難關就要傾跌、遇到災害就要倒地的人，一個不經風雨的人，就像年幼膽小的姑娘一樣，只能在風平浪靜之日駕駛扁舟。

冰山在任何情形之下，都不失其恬靜與平衡，真是值得我們學習的一個絕好榜樣。不管狂風吹打得怎樣厲害，不管巨浪衝擊得怎樣猛烈，它從不會動搖，從不會顛簸，從不會顯出一絲受震盪的跡象！

因為它八分之七的巨大體積，是沒在水面之下。它巨大的體積平穩地藏在海洋之中，非驚濤駭浪之勢力所能及。這種水面下的巨大的隱藏力，這種偉大的「運動量」使得暴露在水面的一部分冰山，可以不畏任何風浪。

精神的平衡，往往代表著「力量」，因為精神的平衡是精神和諧的結果。片面發展的頭腦，不管其在某一特殊方面是怎樣的發達，永遠不會是平衡的頭腦。一棵樹木，假若將其全部的汁液，僅僅輸送給一條巨枝，而使其他部分枯萎至死，它就絕不能成為一棵繁茂的大樹。

理智健全、頭腦清楚的人是不多見的。我們常可看到，連許多有本領的人，在許多方面能力很強的人，也會做出種種不可解的、愚不可及的事情。他們不健全的判斷、不清楚的頭腦，常常阻礙了他們的前程，像流過高低不平的區域中的江水，後波每為前浪打回，所以不得前進一樣。

頭腦不清晰、判斷不健全，這種不良聲譽，會使得別人不敢信賴你，因此大有害於你的前程。假如你要得到他人「頭腦清晰」的承認和稱許，你必須認真努力地去做一個頭腦清晰的人。

大部分人做事，特別在做小事時，往往是敷衍了事。他們自己也知道，他們不曾竭盡全力，而所做出來的結果，也不可能盡善盡美，然而他們還是在用這種做法。這種行為，往往減損我們成為頭腦清晰的人的可能性。

毛病就在我們大多數人，總是做出二等、三等的判斷，而不想努力去做出頭等的判斷。這一切都是因為前者省力、容易得多。

大多數的人都是天性怠惰的，我們總喜歡逃避不愉快的艱難的工作。我們不喜歡做那些妨礙我們的安舒、不合我們的情趣，卻足以煩惱我們的事情。

假如你能常常強迫自己去做那些應該做的事，而且竭盡全力去做，不去聽從你怕事貪安的懶性，那麼你的品格以及判斷力必會大大增進，你自然會被人承認，稱許為頭腦清晰、判斷健全的人了。

沮喪抑鬱時不可決斷大事

人在感到沮喪的時候，千萬不要著手解決重要的問題，也不要對影響自己一生的大事做什麼決斷，因為那種沮喪的心情會使你的決策陷入歧途。

人在精神上受了極大的挫折或感到沮喪時，需要暫時的安慰。在這個時候，他往往無心思考其他任何問題。當女子受到了極大痛苦後，決定去嫁給自己並不真心愛著的男子，這就是一個很好的例子。

有些人會因為事業遭受暫時的挫折而宣告破產，但實際上只要他們繼續努力下去，是完全可以克服困難，戰勝挫折，最終獲得成功的。

有很多人在感受著深度的刺激和痛苦時會想到自殺。雖然他們明明知道，所受的痛苦是暫時的，以後必然能從中解脫出來。因此，當人們的身體或心靈受著極大痛苦時，往往就失掉了正確的見解，也不會做出正確的判斷。

在希望澈底斷絕、精神極度沮喪的時候，要做一個樂觀者，仍然能夠善用理智，這雖是一件很難的事情，但就是在這樣的環境裡，才能真正地顯示我們究竟是怎樣的人。

那麼，在什麼時候最能顯示出一個人是否有真實的才幹呢？當一個人事業不如意，朋友們都勸他放棄這項工作，說他在做著註定無法成功的事情時、說他是多麼地愚蠢時，而他仍然抱著堅毅的精神，努力地工作著，這才最能顯出他的真才實幹來。

他人都已放棄了，自己還是堅持；他人都已後退了，自己還是向前；眼前沒有光明、希望，自己還是努力不懈——這種精神，才是一切偉大人物能夠成功的原因。

在日常生活中，我們常可以聽見一些上了年紀的人說這樣的話：「倘使我一開始就努力，即便遇到挫折，仍舊照著我的志向去做，恐怕已經頗有成就了。」許多人都是在壯志未酬和悔恨中度過自己的晚年，這種悔不當初的懊喪，都是由於他們年輕時立志不堅，一受挫折便終止了自己的努力。

不管前途是怎樣地黑暗、心中是怎樣地愁悶，總要等待憂鬱過去之後，才決定你在重大事件上的步驟與做法。對於一些需要解決的重要問題，必須要有最清醒的頭腦和最佳的判斷力。在悲觀的時候，千萬不要處理有關自己一生轉折的問題，這種重要的問題總要在身心最快樂、最得意的時候去決斷。

在腦中一片混亂、深感絕望的時候，乃是一個人最危險的時候，因為在這時人最易做出糊塗的判斷、糟糕的計畫。如果有什麼事情要計劃、要決定，一定要等頭腦清醒、心神鎮靜的時候。

在恐慌或失望的時候，人就不會有精闢的見解，就不會有正確的判斷力。因為健全的判斷，基於健全的思想；而健全的思想，又基於清楚的頭腦、愉快的心情。因此，憂慮、沮喪時千萬不要作出決斷。一定要等到自己頭腦清醒、思想健康的時候，再來計劃一切。人在感到沮喪的時候，精神便會分散，無法集中起來。態度上的鎮靜、精神上的樂觀和心智上的理性是消除沮喪、進行健全思考的前提。

擁有迅速而果決的判斷力

社會上最受歡迎的人是那些有巨大創造力與非凡經營能力的人。有些人往往只知道按部就班地聽從人家的吩咐，做一些已經計劃妥當的事情，而且凡事都要有人詳細的指示。

唯有那些有主張、有獨創性、肯研究問題、擅經營管理、有準確判斷力的人才是人類的希望，也正是這種人，充當了人類的開路先鋒，促進了人類的進步。

一個有準確迅速又堅決的判斷力之人，他的發展機會要比那些猶豫不決、模棱兩可的人多得多。所以，請盡快拋棄那種遲疑不決、左右思量的不良習慣吧！這種不良的習慣會使你喪失一切原有的主張，無謂地消耗你所有精力。

但這也是年輕人最容易染上的可怕習慣，遇到事情時，明明已經詳細計劃好了，考慮過了，已經確定了，有些人仍然畏首畏尾、瞻前顧後而不敢採取行動，還要重新從頭考慮，徵求各處的意見，東看西瞧，左思右量，翻來覆去，沒有決斷。

最後，腦子裡各種念頭越來越多，自己對自己就越來越沒有信心，不敢決定。後果就是，人的精力逐漸耗盡，終於陷入完全失敗的境地。

一個希望取得全面成功的人，一定要有一種堅決的意志，一定不可染上優柔寡斷、遲疑不決的惡習。在工作之前，必須要確信自己已經打定主意，即使遇到任何困難與阻力，即使發生一些錯誤，也不可升起懷疑的念頭，準備撤腿就走。

我們處理事情時，事先應該仔細地分析思考，對事情本身和環境下一個正確的判斷，然後再做出決策；而一旦決定做出之後，就不能再對事情和決策發生懷疑和顧慮，也不要管別人說三道四，只要全力以赴地去做就可以了。

做事的過程中難免會發現一些錯誤，但不能因此心灰意冷，應該把困難當教訓、把挫折當經驗，要自信以後會更順利，而成功的希望也就更大。在做出決定後，還心存疑慮、反覆猜疑的人，無異於把自己推入一種無可救藥的沼澤中，最終只好在痛苦和懊惱中結束他的一生。

有些人無法成功，並不是缺乏創立一番事業的能力，而是因為他們的判斷力太差了。他們好像沒有自主自立的能力，非得依賴他人，這些人即使遇到任何一點微不足道的事情，也要東奔西走去詢問親友鄰人的意見，而自己的腦子裡儘管時刻牽掛但並無主見。於是，越和人商量，越不能確定主意，越是遲疑不決，結果就弄得越不知所措。

大凡成功者須當機立斷，把握時機。一旦對事情考察清楚，並制定了周密計畫後，他們就不再猶豫、不再懷疑，能勇敢果斷地立刻去做。因此，他們對任何事情往往都能做到駕輕就熟，馬到成功。

造船廠裡有一種力量強大的機器，能把一些破爛的鋼鐵毫不費力地壓成堅固的鋼板；而善於做事的人就與這部機器一般，他們做事異常敏捷，只要他們決心去做，任何複雜困難的問題到了他們手裡都會迎刃而解。

一個人如果目標明確、胸有成竹、有自信力，那麼他絕不會把自己的計畫拿來與人反覆商議，除非他遇到了在見識、能力等各方面都高過他的人。在決策之前，他都會前前後後地仔細研究，然後制定計畫，採取行動；這就像前線作戰的將軍首領必須仔細研究地形、戰略，而後才能擬定作戰方案，隨後再開始進攻。

一個頭腦清晰、判斷力很強的人，一定會有自己堅定的主張，他們絕不會糊裡糊塗，更不會投機取巧，他們也不會永遠處於徘徊當中，或是一遇挫折便賭氣退出，使自己前功盡棄。只要作出決策、計畫好的事情，他們一定勇往直前。

英國當代著名軍人基欽納就是一個很好的例子。這位沉默寡言、態度嚴肅的軍人勇猛如獅、出師必勝，他一旦制定好計畫，確定了作戰方案，就會集中心思運用他那驚人的才幹，鎮定指揮，絕不會再三心二意地去與人討論、向人諮詢。

在著名的南非之戰中，基欽納率領他的駐軍出發時，除了他的參謀長外誰也不知道要開赴哪裡。他只下令，要預備一輛火車、一隊衛士及一批士兵。此外，基欽納聲色不動、滴水不漏，更沒有發電報通知沿線各地。

那麼，他究竟要去哪裡呢？士兵們也不知道。戰爭開始後，有一天早晨六點鐘，他忽然神祕地出現在卡波城的一家旅館裡，他打開這家旅館的旅客名單，發現幾個本該在值夜班的軍官名字。

他走進那些違反軍紀的軍官的房間，一言不發地遞給他們一張紙條，上面簽署了自己的命令：「今天上午十點，專車赴前線；下午四點，乘船返回倫敦。」基欽納不聽軍官們的解釋和辯白，更不聽他們的求饒，只用這樣一張小紙條，就給所有的軍官下一個警告，起到了殺一儆百的作用。

基欽納有無比堅定的意志和異常鎮靜的態度，他深知自己在戰時所負的重大使命。因此，他為人處世嚴謹而端正，公正無私，指揮部下時也從不偏袒，做任何事情非至成功絕不罷手。從這些地方，就可以看出基欽納的偉大魄力和遠大抱負。

這位馳騁沙場、百戰百勝的名將待人卻很誠懇親切，非常自信，做起事來專心致志，富有創見，也極富判斷力，為人機警，反應敏捷，每遇機會都能牢牢把握並充分利用。他真是一個嚮往獲得全面成功者的最好典範！

Chapter

2

做人，要拿得起、放得下

人生有兩杯必喝之水，一杯是苦水，一杯是甜水，沒有人能回避得了。區別不過是不同的人喝甜水和喝苦水的順序不同，成功的人往往先喝苦水，再喝甜水，而一般人都是先喝甜水，再喝苦水。

記取失敗的教訓

任何一個人走向成功的發展之路，都不會是完全筆直的，都要走些彎路，都要為成功付出代價。這代價就是失敗。

成功者也會失敗，但他們之所以是成功者，就在於他們失敗了以後，不是為失敗而哭泣流淚，而是從失敗中總結出教訓，並從失敗中站起來，發憤上進，於是，成功就接踵而來。

但失敗者則不然，他們失敗之後，不是積極地從失敗中總結教訓，而是一蹶不振，始終生活在失敗的陰影裡。他們可能也會「總結」，但他們的總結只限於曾經失敗的事情：「我當初要是不那麼做就好了」，「剛開始我要是如何做就不會失敗了」……「要是」、「如果」之類的詞是失敗者口中出現頻率最高的詞語。

自怨自艾、懊惱不已、後悔不迭，這些他們都會做。他們唯一不會做的就是認識到：既然已經失敗，那就從頭再來。對於這些人，「失敗」連交學費都算不上，因為交了學費總能學點東西回來，他們卻兩手空空，甚至還不如兩手空空。

有一位股票投資者，做了十多年股民。由大戶室坐到中戶室，由中戶室坐到了散戶大廳，到最後連散戶大廳也不去了，因為他「不玩股票了」。

他之所以「一年不如一年」的原因，就在於他的心態。據他後來說，他買的任何一種股票，其實都可以賺錢，甚至可以賺大錢，但他總是賠錢出來。原因在於，他買了一支股票，沒過多久就上漲了，但他捨不得將其拋出，心裡想著既然漲我為何要賣，說不定還能再漲個十塊八塊的。

的確，他買的股票有漲十塊八塊的，但他還不拋出，心想說不定還能再漲二十、三十的。確實也有如他所願的，但他還不拋出。但股票市場，有上漲必然就有下跌。

股票開始下跌了，他仍賺著錢，但他還不賣出，原因是既然我六十都沒有賣，四十我為何要賣？就這樣把帳面上賺的錢一點一點地又還回了市場，直到下跌到將其深度套牢。一直套到他心理承受不了，這時，他就再也坐不住了：說不定這支股票還要跌。於是就割肉出局，直到把自己的家底割完。

如果一次兩次倒還好，問題是他每一次都是如此。他常常想：某某股票我要是五十元拋出，就能賺多少多少……他就是未吸取教訓，結果下次他還照方抓藥。所以，在股票市場上，他敗得一塌糊塗。

人不怕失敗，因為人人都可能失敗。失敗了，總結教訓，從頭再來，你總會有成功的那一天。如果你只是一味地自責、懊惱，活在失敗的陰影裡，實際上於事無補。

每個人都可能成功，每個人也都可能失敗。即使你是成功者，你也不可能一直一帆風順，在取得成功之前，你也曾經歷很多次失敗，或大或小。即使你是一個偉人，也不例外。

愛迪生在經歷了一萬多次失敗之後，發明了電燈。

失敗並不可怕，因為「失敗是成功之母」，但我們卻不能因此習慣於失敗，把失敗不當一回事，不從失敗中尋找原因。

的確，失敗並不可怕，可怕的是，每一次你失敗後，並沒有從中吸取教訓。沒有從失敗中吸取教訓，那麼，你下一次還會失敗。所以當務之急是——分析失敗的原因，找出解決問題的辦法。

西方有句諺語：不要為打翻的牛奶哭泣。牛奶已經打翻了，再怎麼悲傷哭泣也無濟於事，牛奶也不會跑回杯子裡。但如果因為今天打翻了牛奶，我們以後不再打翻，不再犯類似的錯誤，即使打翻一杯牛奶也沒什麼大不了。

其實，在發展的過程中，有很多人都會犯這樣那樣的錯誤，也就是說，都會在不同的程度上遭遇失敗。而一個渴望在人生事業方面有所發展的人，就會從失敗中找出原因，不再犯同樣的錯誤，他就能成為一個成功的人。

失敗是一所最好的學校

失敗是一所每個人都必須經歷的學校，在這所學校裡，你已成人，已會獨立思考，已會選擇，這一切，都決定你如何盡快從這所學校畢業，而不是待下去或重修課程。

從失敗中學習非常重要，若能如此，就不會再犯同樣的錯誤，更不會失去走向成功的信心。日本學者板井野村曾說：「沒有比逆境更有價值的教育。」如果把失敗棄之不顧，不加反省就意志消沉，那麼即使開始下一項工作也不會收到好的效果。

遇到失敗，若只是簡單地以「跟不上人家」為藉口，就不會有任何進步，沒有在失敗中學習的精神，便永遠得不到成長。而且，只有在失敗中，才能更好地找到我們所要學習的東西。

那種經常被視為是「失敗」的事，實際上常常只不過是「暫時性的挫折」而已。這種失敗又常常是一種幸福，是生活賜予我們的最偉大的「禮物」，因為它使人們振作起來，調整我們的努力方向，使我們向著更美好的方向前進。

看起來像是「失敗」的事，其實卻是一隻看不見的慈祥之手，阻擋了我們的錯誤路線，並以偉大的智慧促使我們改變方向，向著對我們有利的方向前進。

如果人們把這種失敗理解為一種「暫時性的挫折」，並引以為戒的話，它就不會在人們的意識中成為失敗。事實上，每一種「暫時性的挫折」中都存在著一個教訓，我們能夠從中吸取極為寶貴的知識，而且，通常來說，這種知識除了經由失敗獲得外，別無其他方法。

有許多人遭遇失敗就抑鬱不已，卻不知道他們已經具有了發大財的一切條件。還有的人，把他們成功道路上遇到的障礙當做敵人，他們恐懼且遲疑。實際上，這些障礙是命運帶給我們的朋友和助手。

要想成功，就必須有障礙。在我們的事業中，只有經過多次奮鬥和無數次的失敗，才能獲得勝利。每一次失敗，每一次奮鬥，都能磨煉你的意志、增強你的體力、提高你的勇氣、考驗你的忍耐力、增強你的自信心以及培養你的能力。

所以，每一個障礙都是一個考驗，都會促使你成功，否則，就只有接受失敗。每一次挫折，就是一次前進的機會。逃離它們，躲避它們，就會失去自己的前途。

「失敗」是大自然的計畫，它經由這些「失敗」來考驗人類，使他們能夠獲得充分的準備，以便進行他們的工作。「失敗」是大自然對人類的嚴格考驗，它藉此燒掉人們心中的殘渣，使人類這塊「金屬」因此變得純淨，經得起嚴格使用。

失敗了，你就進了這所學校，不管你自己希望在這裡學到什麼。

你可以是這所學校的優秀學生，你可以認真學習，把在外面受到的挫折心得帶到學校中總結。你可以在這裡發現你所需要的、所喜歡的課程，並不斷學習、不斷進步。

你也可以是這所學校的頑劣學生，整天無所事事，混日子過，終日無所得。你在這所學校表現如何，將決定了你從失敗中學到什麼。你在學校認真努力，就能夠很快地學到很多東西，提前從學校畢業，成為一個合格的畢業生。但如果在學校敷衍了事，你可能就學不到東西，也就永遠無法畢業，在失敗中待一輩子。

在失敗這所學校中，你選擇什麼？

——失敗？
——成功？

失敗之所以能促成成功，是因為我們不斷地在失敗中認識錯誤，這樣可以避免重犯許多錯誤，不再重蹈覆轍，當然就會成功了。這是所有科學研究所遵循的法則。所以，不要懼怕，也不要逃避失敗，因為成功是無數失敗的累積，沒有失敗的成功只能算是僥倖！

假如你一帆風順，處處得意，並不證明你有能力，反而顯示出你胸無大志、人生目標定得太低、只求得過且過，這是毫無意義的。

許多人只希望做個平庸的人，能夠過著簡單的生活，賺取微薄的收入，他們就心滿意足了。他們的要求不高，不是因為他們天生一副懶骨頭，而是因為害怕失敗，不知道有失敗才會有成功！

其實，失敗不會使你損傷，反而能把你磨煉得更堅韌、果敢和聰明。只有經歷了各種各樣的失敗，才能證明你的能力，所以不要害怕失敗，要勇敢接受失敗的挑戰，直到嘗試最後一次失敗的人不是你！

命運之輪在不斷地旋轉，如果它今天帶給我們的是悲哀，明天它將為我們帶來喜悅。

為什麼會失敗

研究者發現在一種被稱為梭魚的魚類中也存在僵化的傾向。在通常情況下，梭魚會就近攻擊在牠範圍內游泳的鰷魚。作為一個實驗，研究者們把一個裝有幾條鰷魚的玻璃罐放入某一條梭魚的水箱中，這條梭魚立刻向罐子裡的鰷魚發動攻擊，結果牠的身子狠狠地撞到了玻璃罐上。

幾次慘痛的嘗試之後，梭魚最終放棄，並完全忽視了鰷魚的存在。玻璃罐被拿走後，鰷魚們可以自由自在地在水中四處遊蕩，即使當牠們游過梭魚眼皮底下的時候，梭魚也同樣忽視牠們。由於一個建立在錯誤信念基礎上的死結，這條梭魚會不顧周圍豐富的食物而把自己活活餓死。

有多少死結在阻礙著你？你又在設想哪些與自己有關的「現實」？有一個想像的罐子將你與自己的終極目標分開嗎？為什麼機會就在你面前，你卻繼續忽視它？

就此，許多人萌發過改變的念頭，可是結果總被類似於「不可能」、「做不到」、「我行嗎？」等消極悲觀的信念所左右。這類消極信念的負面作用太大了，思想中有太多的負面東西，就像電腦中有太多的垃圾資訊沒有被及時清除一樣，會使電腦的運行速度減慢甚至當機。

所以，我們如果要改變自己的行為、創造成功，首先就要清除心靈的負面信念，建立起積極正面的信念體系。我們要想擁有正確的行為，就要在頭腦中具備正確的思想，沒有正確的思想，就沒有正確的行為。佛家說有正念才能行正道、才能結正果，也是一樣的道理。

人們做任何事情首先都是從一種想法、一個念頭開始，從而激發出自身的潛能，爆發出強大的行動力，才能達成種種期望的結果。你的行為永遠無法超脫你的思想。卡內基說：「人類所創造的一切，莫不是以思考的動力作為起源的形式而創造的結果。」由此可見，成功的人生是從心靈開始——從一種積極的信念開始。

幾年前，在俄克拉馬州的土地上發現了石油，該地的所有權屬於一位年老的印第安人。這位老印第安人終生都生活在貧窮之中，一發現石油以後，頓時變成了有錢人。

於是，他買下一輛凱迪拉克豪華旅行車，還買了一頂林肯式禮帽，綁了蝴蝶結領帶，並且抽一根黑色大雪茄，這就是他出門時的裝備。每天他都開車到附近的小俄克拉馬城。他想看到每一個人，也希望被每個人看到。

他是一位友善的老人，對每一個人的態度都很謙遜。當他開車經過城鎮時，會把車一會兒開到左邊，一會兒開到右邊，來跟他所遇見的每個人說話。有趣的是，他從未撞倒過路人，也從未傷害過人。理由很簡單，在那輛大汽車的正前方，有兩匹馬拉著。

當地的技師說那輛汽車一點毛病也沒有，只是這個印第安老人永遠學不會插入鑰匙去發動汽車的引擎。汽車具有一百匹的馬力，而現在許多人都誤以為那輛汽車只有兩匹馬力而已。

心理學家告訴我們，世界上絕大多數人都和那輛汽車一樣，我們所用的能力跟我們所擁有的能力相比，比值大約是百分之二至百分之五。

荷爾先生曾說：「人類最大的悲劇並不是天然資源的巨大浪費，雖然這也是悲劇之一，而是人力資源的浪費。」荷爾繼續深入地指出，一般人在進入墳墓時，仍帶著他尚未演奏的樂器，並且還在荒唐地尋找另外的樂器，很不幸的是，所有的樂章都是尚未演奏的。

悲觀者的四種表現

大多數時候，我們在做一件事情時失敗了，並不是因為自身的能力不足，或者是客觀條件不具備，而是因為遇到一點小困難時，就產生了悲觀消極的心理，對成功澈底地失去了應有的信心。相反，那些樂觀積極的人，即使在前進路上遇到一些挫折或困難，也總能想方設法去克服，大有一股不達到目的誓不甘休的勁頭。一般而言，悲觀者的心理或情緒主要有以下四種表現：

1　缺乏足夠的忍耐

在我們實現成功願望的過程中，並不是任何事情都會發展得很順利，有時會出現各式各樣的阻礙及挫折，使事情看起來一點也不順利，在這種情況下必須拿出忍耐的精神來。事實上，大多數人在前進的過程中缺乏的恰恰就是這一點。

說到忍耐，有人把它解釋成只是一味被動地忍受，而不去設法扭轉局勢，這是非常不正確的。所謂真正的忍耐，是指在美好的願望實現日來臨之前，要預先儲備能量。在黎明前總會有黑暗存在，重要的是你能夠忍耐住這段黑暗時光，然後靜等黎明時光的到來。

有一個小男孩每遇到困難時就會發脾氣，於是他父親就給了他一袋釘子，並且告訴他，每當他克服一個困難的時候，就釘一根釘子在後院的圍牆上。第一天，這個男孩沒有釘下一根釘子；第二天，他釘下了兩根釘子，慢慢地，每天釘下的釘子數量增加了。他發現隨著耐性的提高，自己克服困難的能力也變得越來越強。

對於一根釘子而言，最初它也許就是一塊鐵，要經過無數次的打磨，才能夠變得鋒利無比，再堅硬的牆壁都能釘進去。在困難面前，我們應該保持足夠的忍耐，忍耐的過程就是積聚力量，因為有些困難並不是一戰而勝的，唯有忍耐才是最明智的選擇。

2 一遇到困難就開始懷疑自己的能力

現在，我們已經知道悲觀消極的態度是致命的，它會讓本來能力非凡的你變得平庸，做不出任何成就來，長此以往，你就越來越難以認清自己的真正實力了。如果一個人永遠無法發現潛藏在自己體內的那筆雄厚的財富，這才是最糟糕的事情。

蘇格蘭地區有很多古堡與古跡，因此鬧鬼的傳聞也頗多。一天，一位小學老師因為公務繁忙，所以回家時已是午夜時分。在他回家的路上，要經過一個墳場，而那天剛好有人新挖了一個墓穴。他經過時一不小心摔到了那個坑裡，可是那個坑又大又深，這位長得高頭大馬的老師，怎麼爬都爬不出去。後來，他索性坐在坑內，想等天亮了以後再說。沒想到不久後又有一個人途經此地，也是一不小心摔到坑內，只見他拚命地往上爬，使出吃奶的力量也毫無辦法。

「不用爬了。」那位小學老師說道，「你是爬不出去的。」

後來掉下去的人，大概以為是見到了鬼，嚇得魂不附體，立刻手腳並用地往上爬，沒想到居然三兩下就爬了出去。

一個人蘊藏著巨大的潛力，沒有人知道固然可惜，更可惜的是不到千鈞一髮之際，連自己都被蒙在鼓裡而渾然不知。自信能衍生出所有成就的兩大基石——高自尊和高期望。在成功之前，我們必須相信自己的能力，在內心提醒自己一定能夠做得到，而不是迷失於自我認識之外。

3 因困難而背上心理包袱，變得猶豫不決

許多人害怕失敗，然而常有天不從人願的時候，像失戀、計畫泡湯、工作不如意等等。在成功者的眼裡，沒有失敗，只有結果，失敗是動搖不了他們的。只有追求結果的人，才能獲得最後的成功。成功的人不是從不失敗，他們也有勞而無功的時候，但他們認為那是學習經驗，借用這個經驗，再另起爐灶，從而得到新的結果。

仔細想一想，你每天能比前一天增加的一種資產或利益是什麼？答案一定是經驗了。害怕失敗的人，內心產生畏懼不前的心理，不敢下手去做，更不可能成功。你是否害怕失敗？那麼，你對學習又是如何看的呢？如果你肯學習別人的經驗，那麼就能無往不勝。

富勒說過一個船舵的比喻。他說當船舵偏轉一個角度，船就不會照著舵手的方向前進，而只是在原地打轉。若想抵達目的地，就得回轉船舵，不斷地調整和修正航向才行。請把這幅畫面記在腦海裡，想像一艘船在寧靜的海面上航行，舵手做了上千次必要的修正，維持航向。這是多麼美的畫面，它告訴我

們人生成功的方式。然而卻有些悲觀的人不這麼想，每一次的錯誤，都造成他心頭上的包袱，認為那是失敗留下的長期陰影。

4 沒有堅定的信念

悲觀的人沒有堅定的信念，他們從來不知道成功的滋味。信念是一種無堅不摧的力量，當你堅信自己能成功時，你必定能獲得成功。

英國倫敦勞合社曾從拍賣市場買下一艘船，這艘船一八九四年下水，在大西洋上曾遭遇冰山一百三十八次，觸礁一百一十六次，起火十三次，被風暴扭斷桅杆二百零七次，然而它從沒有沉沒過。勞合社基於它不可思議的經歷及在保費方面帶來的可觀收益，最後決定把它從荷蘭買回來捐給國家。現在這艘船就停泊在英國的國家船舶博物館裡。

不過，使這艘船名揚四海的卻是一名來此觀光的律師。當時，他剛打輸了一場官司，且委託人於不久後自殺了。儘管這不是他第一次辯護失敗，也不是他遇到的第一例自殺事件，然而，每當遇到這樣的事情，他總有一種罪惡感。他不知該怎樣安慰這些在生意場上遭受不幸的人。當他在船舶博物館看到這艘船時，忽然有一種想法：為什麼不讓他們來參觀參觀這艘船呢？於是，他就把這艘船的歷史抄下來，連同這艘船的照片一起掛在他的律師事務所裡，每當商界的委託人請他辯護，無論輸贏，他都建議他們去看看這艘船。

它使我們知道：在大海上航行的船沒有不經歷大風大浪的，也沒有不帶傷痕的。如同一個人在社會上行走，哪有不屢遭挫折的，如果他是一個悲觀失望的人，沒有百折不撓的堅強意志，遲早會垮掉，這就是失敗的真正原因所在。

成功致命傷

不成功的人都有一項共同的特徵，就是知道失敗的所有理由，而且抓著這些他們相信是萬無一失的藉口不放，以便於解釋他們為何成就有限。他們所有的精力與時間都花在尋找一個更好的藉口上，失敗是必然的結果。其中有些托詞是有點小聰明的，而且也是情有可原的，但是藉口不能用來賺大錢，世人只會問你成功了沒有。性格分析家編輯出一份最常用到的藉口清單。你一面看這一份清單，一面仔細地檢討自己，看看其中有多少藉口是你有的。

□ 要是我沒有小孩和家庭……
□ 要是我有十足的「魅力」……
□ 要是我有錢……
□ 要是我受過良好的教育……
□ 要是我找得到工作……
□ 要是我身體健康……
□ 要是我運氣好一點……
□ 要是時機好一點的話……
□ 要是別人瞭解我……
□ 只要我的處境有變……
□ 要是能從頭再來……
□ 要是我不怕「別人」怎麼說……
□ 如果現在我有機會……
□ 要是沒有阻撓干預的話……
□ 要是我再年輕一點……
□ 要是我有他人所具有的天賦的話……
□ 早知道，當初就應該把握機會……
□ 要是別人不逼我神經緊張……

□ 要是我能存點錢……
□ 只要老闆賞識我……
□ 只要有人手幫我忙……
□ 如果我住在大都市……
□ 要是我有他人的個性……
□ 要是我的天分被發掘……
□ 要是我不曾失敗……
□ 要是嫁對人……
□ 要是沒有那麼多煩惱……
□ 要是我對自己有把握……
□ 要是錢沒賠掉……
□ 要是我有自己的事業……
□ 要是別人肯聽我的話……

這種找藉口的習慣跟人類一樣自古長存，卻是成功的致命傷！為什麼抓住藉口不肯放手？答案很明顯。因為他們創造了藉口，所以他們維護藉口！人類的藉口全是自己想像力的產物，呵護自己頭腦的產物，是人類的天性。

找藉口是根深蒂固的習慣。習慣很難革除，尤其是這些習慣能為我們所做的事找到合理的解釋時，更是積習難改。柏拉圖說：「最大和最初的成功，是征服自己。最可恥和罪過的，莫過於被自己打敗。」另一位哲人也有同樣的想法，他說：「我發現自己在別人身上看見的醜惡，不過是自己本性的反映時，我大驚失色。」

「對我而言，這始終是個謎，」哈伯德說：「為什麼大家花那麼多時間處心積慮捏造藉口、搪塞自己的弱點、欺騙自己？如果時間用到不同地方，同樣的時間足以矯治弱點，然後藉口就派不上用場了。」

提醒你：「人生是一局棋，你的對手是時間。如果動手前，你猶豫不決，或者沒有立即採取行動，你的棋子就會被時間吃掉。你碰上了容不得遲疑不決的對手！」以前你可能有合情合理的藉口，不去迫使人生交付你所求的一切；但是現在，那個藉口已經不管用了，因為你已經擁有了打開人生豐饒財富之門的鑰匙。

培養承受悲慘命運的能力

在生活的海洋中，事事如意、一帆風順地駛向彼岸的事情是很少的。或學習上遇到困難，或工作中受到挫折，或生活上遭到不幸，或事業上遭到失敗，這些都有可能發生。當不幸的命運降臨到我們身上的時候，我們應當怎麼辦呢？

唉聲嘆氣，自嘆「時乖運舛」，自認倒楣，這是一種態度。在打擊和磨難面前，僅僅停留於無休止的嘆息，不會幫助你改變現實，只會削弱你和厄運抗爭的意志，使你在無可奈何中消極地接受現實。

悲觀絕望，自暴自棄，這也是一種態度。一遇挫折就悲觀失望，承認自己無能，這是意志薄弱、缺乏勇氣的表現，也是自甘墮落、自我毀滅的開始。用悲觀自卑來對待挫折，實際上是幫助挫折打擊自己，是在既成的失敗中，又為自己製造新的失敗，在既有的痛苦中，再為自己增加新的痛苦。

怨天尤人，詛咒命運，這又是一種態度。現實總歸是現實，並不因為你埋怨和詛咒它而有所改變。遇到不幸的事，就惡語詛咒、怨天尤人，這是最容易的，但卻是最沒有用處的。

埋怨和詛咒人人都會，但從來沒有人從埋怨和詛咒中得到好處。事實上，在詛咒之中，真正受到傷害的並不是詛咒對象，而只是詛咒者自身。在生活中的不幸面前，有沒有堅強剛毅的性格，在某種意義上說，也是區別偉人與庸人的標誌之一。巴爾扎克說：「苦難對於一個天才是一塊墊腳石，對於能幹的人是一筆財富，而對於庸人卻是一個萬丈深淵。」

有的人在厄運和不幸面前，不屈服、不後退、不動搖，頑強地同命運抗爭，因而在重重困難中衝開一條通向勝利的路，成了征服困難的英雄，掌握自己命運的主人。

有的人在生活的挫折和打擊面前，垂頭喪氣，自暴自棄，喪失了繼續前進的勇氣和信心，於是成了庸人和懦夫。培根說：「好的運氣令人羨慕，而戰勝厄運則更令人驚嘆。」

生活中，人們對於那些衝破困難和阻力、經歷重大挫折和打擊而堅持到底的人，其敬佩程度是遠遠超過那些生活上的幸運兒。征服的困難越大，取得的成就越不容易，就越能說明你是真正的英雄。

當接連不斷的失敗使愛迪生的助手們幾乎完全失去發明電燈的熱情時，愛迪生靠著堅韌不拔的意志，排除了來自各個方面的精神壓力，經過無數次實驗，電燈終於為人類帶來了光明。在這裡，愛迪生的超人之處，正在於他對挫折和失敗表現出了超人的頑強剛毅精神。

性格的剛毅性是在個人的實踐活動過程中逐漸發展形成的。

如果你想培養自己承受悲慘命運的能力，你可以學著在生活中採用下列技巧：

1 下定決心堅持到底

局面越是棘手，越要努力嘗試。過早地放棄努力，只會增加你的麻煩。面臨嚴重的挫折，只有堅持下去，加倍努力和增快前進的步伐。下定決心堅持到底，並一直堅持到把事情辦成。

2 不要低估問題的嚴重性

要現實地估計自己面臨的危機，不要低估問題的嚴重性。否則，改變局面時，就會感到準備不足。

3 做出最大的努力

不要畏縮不前，要使出自己全部的力量來，不要擔心把精力用盡。成功者總是做出極大的努力，而面對危機時，他們卻能做出更大的努力。他們通常不考慮疲勞、筋疲力盡之類的事。

4 堅持自己的立場

一旦你下定決心要衝向前去，要像服從自己的理智一樣去服從自己的直覺，頂住家人和朋友的壓力，採取你所堅信的觀點，堅持自己的立場。是對是錯，現在就該相信你自己的判斷力和智慧了。

5 生氣是正常的

當不幸的環境把你推入危機之中時，生氣是正常的。重要的是，要弄明白自己在造成這種困境中起了什麼作用；另一方面，你有權利為這些花費那麼多時間處理的問題而惱火。

6 不要試圖一下子解決所有的問題

當經歷一次嚴重的危機或像親人去世這樣的嚴重事件後，在情緒完全恢復以前，要滿足於每次只邁出一小步。不要企圖當個超人，一下子解決自己所有的問題。要挑一件力所能及的事，就做這麼一件。而每一次對成功的體驗都會增強你的力量和積極的觀念。

7 讓別人安慰你

無論局面好壞，失敗者總是一味地抱怨。結果當危機真的來臨時，人們很少會信以為真和安慰他們，因為人們已經習慣了他們的消極態度，就像那個老喊「狼來了」的孩子一樣。

但是，如果你是個積極的人，平時能很好地應付自己的生活，那麼，在困境中，你可以放心地把自己的懊悔和恐懼告訴別人，給別人安慰你的機會，你理當得到這種支持，而且對於自己這種請求，你完全可以感到坦然。

8 堅持嘗試

克服危機的方法不是輕易就能找到的。然而，如果你堅持不懈地尋求新的出路，願意在成功的可能性很低的情況下嘗試，你就能找到出路。

要保持頭腦清醒，睜大眼睛去尋找那些在危機或困境中可能存在的機會。與其專注於災難的深重，莫若努力去尋求一線希望和可取的積極之路。即使是在混亂與災難中，也可能形成你獨到的見解，它將把你引導到一個值得一試的新冒險中。

堅持下去，就有希望

在困境中堅持不懈是AQ（逆商）的精華所在。

這種堅持的力量是一種即使面臨失敗、挫折仍然繼續努力的能力。我們常常能夠觀察到，正確對待逆境的銷售人員、軍人、學生和運動員，能從失敗中恢復並繼續堅持前進，而當遇到逆境時不能正確對待的人（低ＡＱ者）則常常會輕易放棄。

有一位推銷員，為自家公司推銷日常用品。一天，他走進一家小商店裡，看到店家老闆正忙著掃地，他便熱情的伸出手，向老闆介紹和展示公司的產品，但是對方卻毫無反應，很冷漠地對著他。

這位推銷員一點也不氣餒，他又主動打開所有的樣本向店家推銷。他認為，憑自己的努力和推銷技巧，一定會說服店家購買他的產品。但是，出乎意料的是，那個老闆卻暴跳如雷起來，用掃帚把他趕出店門，並揚言：「如果你再來，就打斷你的腿！」

面對這種情形，推銷員並沒有憤怒和感情用事，他決心查出這個人如此恨他的原因。於是，他多方打聽才明白了事情的真相，原來，在他之前有一推銷員推銷的產品賣不出去，造成產品滯銷，占用了許多資金，店家老闆正發愁如何處置呢。

瞭解了這些情況後，這個推銷員就疏通了各種管道，重新做了安排，使一位大客戶以成本價格買下店家的存貨。不用說，他受到了店家老闆的熱烈歡迎。

這個推銷員面對被掃地出門的處境，依然充分發揮自己的堅持精神，同時不斷尋找突破逆境的途徑，這正是高ＡＱ者的表現。

克爾曾經是一家報社的職員。他剛到報社當廣告業務時，對自己充滿了信心。他甚至向經理提出不要薪水，只按廣告費抽取傭金。經理答應了他的請求。

開始工作後，他列出一份名單，準備去拜訪一些特別而重要的客戶，公司其他業務都認為想要爭取這些客戶簡直是天方夜譚。

在拜訪這些客戶前，克爾把自己關在屋裡，站在鏡子前，把名單上的客戶唸了十遍，然後對自己說：「在本月之前，你們將向我購買廣告版面。」

之後，他懷著堅定的信心去拜訪客戶。第一天，他以自己的努力和智慧與二十個「不可能的」客戶中的三位談成了交易；在第一個月的其餘幾天，他又成交了兩筆交易；到第一個月的月底，二十位客戶只有一個還不買他的廣告。

儘管取得了令人意想不到的成績，但克爾依然鍥而不捨，堅持要把最後一個客戶也爭取過來。第二個月，克爾沒有去發掘新客戶，每天早晨，那個拒絕買他廣告的客戶的商店一開門，他就進去勸說這個商人做廣告。而每天早晨，這位商人都回答說：「不！」每一次克爾都假裝沒聽到，然後繼續前去拜訪。

到那個月的最後一天，對克爾已經連著說了數天「不」的商人口氣緩和了些：「你已經浪費了一個月的時間來請求我買你的廣告了，我現在想知道的是，你為何要堅持這樣做。」

克爾說：「我並沒有浪費時間，我在上學，而你就是我的老師，我一直在訓練自己於逆境中的堅持精神。」

那位商人點點頭，接著克爾的話說：「我也要向你承認，我也等於在上學，而你就是我的老師。你已經教會了我堅持到底這一課，對我來說，這比金錢更有價值，為了向你表示我的感激，我要買你的一個廣告版面，當做我付給你的學費。」

克爾完全憑著自己在挫折中的堅持精神達到了目標。在生活和事業中，我們往往因為缺少這種精神而和成功失之交臂。

意志力堅強的人懂得培養自己的恆心和毅力，並將它變成一種習慣，無論遭受多少挫折，仍堅持朝成功的頂端邁進，直至抵達為止。

經得起考驗的高ＡＱ者常常以其恆心耐力獲酬甚豐。作為吃苦耐勞、堅韌不拔的補償，不論他們所追求的是什麼目的，都能如願以償。他們還將得到比物質報酬更重要的經驗：「每一次失敗都伴隨著一顆同等利益的成功種子。」

當我們對眾多成功人士進行考察時，發現那些大公司經理、政府高級官員以及每一行業的知名人士大都來自清貧的家庭、破碎的家庭、偏僻的鄉村甚至於貧民窟。他們之所以能成為社會知名人士和領導人物，與「他們都經歷過艱難困苦，具有很強的挫折承受能力」分不開。

將成功者和失敗者進行比較，他們的年齡、能力、社會背景、國籍等種種方面都很可能相同，但是有一個例外，那就是對遭遇挫折的反應不同。

低ＡＱ者跌倒時，往往無法爬起來，他們甚至會跪在地上，以免再次遭受打擊；而高ＡＱ者反應則完全不同，他們被打倒時，會立即反彈起來，並充分吸取失敗的經驗，繼續往前衝刺。

低ＡＱ者的憂慮及失敗感使其精神難以集中，絕望的心情也可能會使他們放棄及逃避奮鬥，不能在奮鬥中體驗滿足，所以缺乏克服困難的持久力。高ＡＱ者卻能從面對挑戰中獲得滿足感，所以更能自發持久地面對困難。

最偉大的發明家湯瑪斯．愛迪生，對於人生中的挫折抱著罕見的不放棄精神，使他創造了非凡的成就。在電燈發明的過程中，其他人因為失敗而感到心灰意冷時，他卻將每一次失敗視為又一個不可行方法的減少，而確信自己向成功又邁進了一步。

生命里程中永遠存在著的障礙，不會因為你的忽視而消失，當你因為某件事而受到挫折時，不妨想想愛迪生在給整個世界帶來光明前，那一萬次的失敗。

愛迪生的堅韌不拔，在於他知道有價值的事物是不會輕易被取得的，如果真的那麼簡單，那麼人人皆可做到。正是因為他能堅持到一般人認為早該放棄的時候，才會發明出許多當時的科學家想都不敢想的東西。

英國首相邱吉爾不僅是一名傑出的政治家，還是一個著名的演講家，十分推崇面對逆境堅持不懈的精神。他生命中的最後一次演講是在一所大學的結業典禮上，演講的過程大概持續了二十分鐘，但是在那二十分鐘內，他只講了兩句話，而且都是相同的：「堅持到底，永不放棄！堅持到底，永不放棄！」

這場演講是成功學演講史上的經典之作。邱吉爾用他一生的成功經驗告訴人們：成功根本沒有什麼祕訣可言，如果真的有的話，就是兩個：一個就是堅持到底，永不放棄；第二個就是當你想放棄的時候，回過頭來看看第一個祕訣：堅持到底，永不放棄。

敏銳的觀察力、果斷的行動和堅持的毅力是成功的必備要素。你可能用敏銳的目光去發現了機遇，同時也能用果斷的行動去抓住機遇，但最後還是需要用你堅持的毅力才能把機遇變成真正的成功。

在成功的過程中，堅持的毅力非常重要，面對挫折時要告訴自己：堅持，再來一次。因為這一次失敗已經過去，下次才是成功的開始。

人生的過程都是一樣的——跌倒了，爬起來。只是成功者跌倒的次數比爬起來的次數要少一次，平庸者跌倒的次數比爬起來的次數多了一次而已。最後一次爬起來的人被稱為成功的人，最後一次爬不起來或者不願爬起來、喪失堅持的毅力的人，就叫失敗者。

缺乏恆心是大多數人最後失敗的根源，一切領域中的重大成就無不與堅韌的品質有關。成功更多依賴的是一個人在逆境中的恆心與忍耐力，而不是天賦與才華。布爾沃說：「恆心與忍耐力是征服者的靈魂，它是人類反抗命運、個人反抗世界、靈魂反抗物質的最有力支持。」

熱情是點燃希望的火炬

熱情是經久不衰地推動你面向目標勇往直前、直至你成為生活主宰的原動力。對什麼都無動於衷、冷眼旁觀的人，是因為生活中的一切都引不起他的熱情，他缺乏人生應有的熱情素質。

熱情是什麼呢？當你心中有一個你深信不疑的目標時，當你努力工作尋求實現自己理想時，你便精神百倍，朝氣蓬勃地投入生活，這時你便有了熱情。你會感到幸福，對自己充滿了自信。

當然，熱情不等於你應該成天面帶微笑，或者把世界看成完美無缺，要是這樣，人家會以為你是神經病或是一個盲目的樂觀主義者。熱情只不過是一種思考和接近目標的原動力，它使你保持這樣的信念：生活是美好的，成功總有路。

當你充滿熱情的生活態度時，就不會只看到事情壞的一面，你注重的是事情好的一面，你會在每件事、每個人身上發現一切好的元素。

熱情意味著，你知道自己應該做什麼，並掌握了做的方法，而不是為了逃脫職責尋找藉口，你會覺得在生活中做件小事也是很幸福的，每天晚上，你總會從一天的平凡小事中發現樂趣，並且總是興致勃勃地計劃著明天的事。你會發現你學到的東西越多，你想學的東西也越多。

面對大自然勃勃生機，你會從心靈深處發出一種強烈而熾熱的感受，並為此而歡欣雀躍，恨不得把周圍的世界變成大國；對於人際間的交往，你不會對別人妄加評論，你會願意幫助別人，從中感到愉快和充實。

熱情還有強烈的感染力。你有沒有曾因店員的熱情推薦，而買了許多原來不想買的東西？還是，你曾見過熱情洋溢的演講使觀眾如癡如醉的情景？假如你充滿熱情，你周圍的人也會受到感染，這就是說，你要使別人起勁，首先必須要讓自己保持熱情。

更重要的是，當你充滿熱情時，你會發覺很容易擺脫「我不行」、「沒意思」、「一切都無所謂」等消極的觀念。當困惑、憂愁、焦躁占據你的心靈時，你的熱情會幫助你驅逐它們。那麼，怎樣才能獲得熱情這一成功者必備的素質呢？

1 強迫自己研究自身的一些問題

比如，你可以考慮一下你幾乎不感任何興趣的事：聽音樂、踏青、約朋友聚會或踢踢球，然後問問自己：「到底對這些事物或活動，我瞭解了多少？」

你大概會說：「剛剛認識了一點。」那麼，這件事恰好向你表明了如何激發熱情的契機，那就是為了提高熱情，對過去不感興趣的事，也應當充分去瞭解它，慢慢地，你就會體味到其中的樂趣和意義所在。

2 改變對誰都不在乎的習慣，培養起對他人的熱情

你可以試著瞭解別人的一切，比如他的工作、家庭、生活方式等。這樣，你一定能在你和他之間找出共同點，並由此發生興趣，產生熱情，感到對方也是很有魅力的。當你對某人的熱情衰減時，試用這一方法，興趣之泉就會自然湧現。

坦誠認錯亦君子

你可能是一個老闆，或是某個單位的主管，總之，你的手下領導著一大群人。前兩天，在一項工作中你出現了較大的失誤，甚至造成了較大的金錢損失。

碰到這種事情，你會怎麼辦？

一種選擇就是大大方方地承認自己的錯誤，向全體員工認錯，承認自己工作中的失誤，並希望全體員工在以後的工作中敢於指出自己的錯誤，盡量減少可能有的損失。

你還有另一種方法，那就是死撐著，絕不認錯。道理很簡單：一認錯，豈不威信掃地，以後還怎麼做老闆，怎麼做主管？手下的人又會怎麼看我？

你可能會說：「我肯定選擇第一種，大大方方地承認錯誤。」

這種選擇自然是對的，但是你未必說的是真話。

實際情況是，你不一定選擇第一種方案。

有許多事情，嘴上說說、理論上探討起來確實容易，而且道理我們都懂，但一到實際生活中實施起來，其實是很困難的一件事情。就如吸菸這件事，現代人不懂得「吸菸有害健康」這個道理的恐怕鳳毛麟角，然而吸菸的人數仍以億人計。

所以，我們不會因為我們懂得其中的道理，就認定我們一定會按照正確的方法做，也就是說，我們不會因為承認錯誤對我們的工作有好處，就承認自己的錯誤。

人活在世上，要取得成功，就一定要做事情，而做事情就可能會有錯誤。古人說：「人非聖賢，孰能無過。」恐怕就是為了說明這個道理。其實，是人都會犯錯誤，「聖賢」自然也不例外。但聖賢所以為聖賢，他們長於常人的地方就是因為他們錯了，會承認錯誤，而且能夠改正錯誤。

孔夫子曾說：「吾日三省吾身。」所以要「省」，就是因為他知道他也可能會有錯誤，但每天反省自己，就能夠時時提醒自己不要再犯類似的錯誤。這才是正確的態度，也是一種追求人生成功的積極心態。

反過來說，如果你死撐著，死不認錯，所引起的後果將是十分消極的，起碼你的手下就會看輕你。如果你犯了小錯誤，沒有造成較大的損失，而你為了所謂「面子」問題不承認，你的手下就會認為你連這麼一個小問題都不敢承擔，如何帶領大家做出大事情。

如果你犯的錯誤很嚴重，造成了巨大的損失，公司或部門人人皆知，而你這時候再不承認自己的錯誤，甚至一味地搪塞、狡辯，你的手下更會認為你一點擔待也沒有，你的上級恐怕也會因此不信任你。

古人說，兩害相權取其輕。你自己好好權衡比較一下兩者的輕重，看到底選擇哪一個更好一些。

其實，上升到成功人生的角度來看，犯了錯誤承認錯誤，是為了不再犯錯，取得更大的成功。再說，不管是對下級、上級，坦誠地承認錯誤，承擔責任，別人只會更加信任你、尊重你，絕不會看輕你。你反而會因為誠實贏得人心，因為他們知道自己也會有犯錯的時候。

坦誠地承認錯誤，實在是我們做人的一種法則，也代表著我們做人的風度。更重要的是，坦誠認錯，會為你以後的發展提供一面鏡子。

別被壞心情奴役

任何人都會無緣無故地情緒低落起來。碰到那種日子，你就會感到樣樣事都不合意，你憎恨生命，甚至是自己的髮型。平服自己的心情，是基本的生活技術，任何一個人都可以學會。以下就是讓你拋棄壞心情的方法：

1 出汗

也許你根本就不相信，無論是輕微的週期性情緒低落，還是嚴重得要見醫生的精神抑鬱，運動都可以幫上一把。

一個保險經紀人每逢心情低落時，便跑去游泳。「游個幾百公尺後，回家便倒頭大睡。第二天早上醒來，好像不開心的事都趕走了。」

讓自己忙碌做一些事情，不管它是不是小事，如把光碟分類貼標籤，這也可以讓你感到有一點成就感；或者從工作清單中刪減專案，這樣不至於讓你感到一事無成。

可是，你要避免做一些讓你生厭的工作。假若把光碟分類會讓你更煩躁暴戾，那你還是去為你的愛犬修剪毛髮吧！

2 請人服侍一下

去美容院做一個臉部按摩或全身SPA，或者到髮廊洗頭、換新髮型，總之，當心情差的時候，讓別人善待一下自己，提醒自己「我是值得縱容的」。

3 認知重組

學習從另一個角度看事物，這就是專家們所說的認知重組。你錯過了升職機會，但你仍是個好妻子、網球高手和插花專家。把你這些長處一一列在紙上並放在錢包裡提醒自己。

4 暫離自己

換一身衣服，跟著音樂大唱大跳，或者閉上眼睛，邊聽著輕柔的音樂邊「靜坐」。暫時「離開」一下自己，悶氣亦會隨之減少。

5 主動出擊

哪個朋友兩個星期沒來電話了？你不能這麼想：「他從來就不喜歡我。我也沒有其他朋友，我很寂寞。」你必須擺脫這種想法。相反，你要告訴自己：「我有很多愛護我的朋友，同樣，我也有很多值得關心的朋友。」

之後，約一位你曾經承諾「我會找你」的朋友共進午餐，即使那已是數月前的事情，你可以藉此來顯示自己是受歡迎的。

6 實現夢想

切實做一些你經常說「會」做的事情，例如：收拾行李去國外旅行。有什麼比實現夢想更讓你振奮的，以輕鬆的心情去克服低落的情緒吧！

靈活些，別難為自己

1 做人別太固執

固執己見似乎讓人感到有個性，但更多時候給人的感覺是頑固不化。

太固執的人總會自以為是，很輕易地得出一個結論後，就認定是最終真理，別人如果有不同看法，就肯定是對方有哪兒出問題了。太固執的人也很容易輕視別人，否定別人，並且剛愎自用。三國名將關羽之所以最後敗走麥城，被俘身亡，最大的一個原因就是固執偏激，剛愎自用。

太固執的人很容易對人產生偏見。在他們眼裡，爺爺是小偷，孫子也好不到哪兒去；一個人從監牢裡出來，他這一輩子肯定不會做好事……讓一個太固執的人當老師，班裡比較差的學生，永遠得不到翻身的機會；讓一個太固執的人做老闆，他的職員永遠不能犯錯誤。但世界「牛仔大王」李維．斯特勞斯的公司，卻有百分之三十八的職員是身障人士、黑人、少數民族和一些有犯罪前科的人，他們在那裡都做得好好的。

太固執的人不易接受新事物。他們總認為自己的一套是最佳的，對新事物，他們其實根本不瞭解，但他們卻煞有介事地說出一大堆憑空想像的局限和不足，儼然像專家。

他們會堅持認為電腦沒有算盤準確，即使他兒子還是個電腦工程師；他會認為生兒子當然比生女兒好，即使他女兒成了名人，他也會堅持認為這是上帝開的一個玩笑。

太固執的人肯定沒有好的人緣。要想改變這種性格，首先得試著去理解人，試著從別人的角度來考慮問題。抱著一個信條：在不瞭解一個人或一樣東西之前，別妄下結論。

2 換條路可能會更好

「千萬不要吊死在一棵樹上。」做一件事可以有無數種方法，只有一種才是最佳的，而你想到的可能是最差的。轉轉腦筋，試著換種方法，你會感覺豁然開朗。有了這種「換條路」的思考方式，你會發現很多最佳的方法。

聰明人總在想著如何「偷懶」，別人做這件事花了三百元，我能不能少花些，別人做這件事用了兩天，我能不能只用一天半。很難想像一個只找到一種方法就當寶的人，如何去參加奧林匹克數學競賽。辦法是人想出來的，即使你比別人笨一些，只要你多花些時間去想，就可能做得比其他人更好，在別人眼裡，你就是一個聰明人。所有成功者都是用與眾不同的方法才做出了驚人的成績。

世界八大船王之一的包玉剛之所以能從一條船起家，由一個不懂航運業的門外漢一躍成為一代船王，就是因為他時時處處都在想著如何才是最佳的。當別人都在搞房地產的時候，甚至當他父親也主張投資房地產時，他經過分析卻決定投資航運業；當別的船主都在用「散租」的方式獲取暫時的高額租金時，他卻用「長租」的方式獲得穩定的收入，同時也贏得了無數固定的大戶顧客。

他之所以成功，不是因為他是「包青天」包拯的第二十九代子孫而有特殊的遺傳基因，而是因為他總能發現常人所用方法的弊端，同時又想出一套更佳的新方法。

當你發現環境不利的時候，那就試著去換一個地方。當你發現手下不稱職時，就堅決地撤換。總之，發現「不行」你就得變，而發現「行」你也得變得「更行」。

喊出「車到山前必有路，有路必有豐田車」的豐田公司所採用的「參與制」，就是近乎苛刻地挖掘任何一個可能「更行」的機會。

一九七七年，豐田公司全體員工提出了四十六萬多條合理化建議，每人平均十條，為公司節省開支二百六十多億日元。

要想成功，就得時時刻刻想著：「是不是可以換種方法。」

3 不要走極端

有些人不是很好，就是很壞，不是躊躇滿志，就是萬念俱灰，稍受鼓勵就信心倍增，稍受打擊就萎靡不振，雖然說人生是一場戲，但你也不能故意把它搞得大喜大悲，這對身心是很不利的。

有極端思想的人往往是一個完美主義者，或者說是一個理想主義者。在事情開始之前，他們總會把事情的結果想像得很美好。剛看了一張介紹炒股成功者的報導，他們就會浮想聯翩：如果我也去炒股的話，說不定我能賺個幾十萬，然後就能買房子，當然也要給女兒買架鋼琴……。而一旦事與願違，他們就會痛苦萬分，極大的反差加上沒有任何的思想準備，一定會讓他們消沉一段時間。

有極端思想的人往往是易衝動、缺少全面考慮的人。他們對一件事情投入得特別快，他們會調動一切情緒專心於一件事。當他受了別人的啟發，決定開始學外語時，他會專心致志地訂好計畫，而且立刻跑到書店買外語書，還有一大堆參考書和工具書。

但學了三天後，就覺得計畫是否該改一下，參考書是否太深了。再過幾天，就會問自己：學了外語到底有什麼用？然後就可能像沒發生過這事一樣，過起了原來的生活。

我們要試著去改變這種極端思想的做法。首先，要有接受挫折與失敗的心理。在事情開始之前，要告訴自己：結果越美，往往困難越多。要出門旅遊，你不能光想海邊風景多迷人，在大海裡游泳多暢快，到山頂眺望多麼心曠神怡，你得想想在海邊會晒黑，夜裡會皮膚發痛，那座山很陡，小心不能摔跤。

其次，我們在事前不要把結果想像得太完美，可以告訴自己：能有七分成功就算很不錯了。期望值不能太高，以免失望太多。我們也可以告訴自己：做事要多看過程，只要我們盡力就行了。

萬一我們不幸遭遇失敗，我們應告訴自己：我們只不過又回到了起點，讓我們從頭再來。

4 別總是後悔

因為一件事做得不完美而後悔，或因為不經意的一句話傷害到別人而後悔，這都是難免的。但如果一個人經常性地話一出口就後悔，那就不大正常了。

這種壞習慣有時候是因為猶豫不決的性格造成的。有的人面對選擇時，總會考慮得無比周到。從大到小、從前到後，樣樣都要考慮，到最後把自己給搞糊塗了，不知如何做出選擇。

最後好不容易在別人的幫助下，或在內心的催促下做出了決定，但話一出口馬上後悔，心裡想：可能做另外一種選擇更好。

由於猶豫不決而常後悔的人，總會有種失落感，本來做出選擇是件很痛快的事，對他來說卻是痛苦的事。去購置一樣東西本來是一種享受，他卻體會不到這種滿足。上街去吃火鍋，走過速食店門前，會禁不住想：吃吃炸雞也不錯。火鍋已經在面前了，速食店的香味還縈繞不去，火鍋的味道肯定減了一半。

如果你是一個優柔寡斷的人，你得在做決定之前先弄清楚：我選擇的首要標準是什麼。在做選擇之前先把標準的順序排好，如果只想買支筆，能寫就行，那就挑支便宜的。在做出決定以後，只能想我選的東西有多少優點，別去想別的，要有一種知足常樂的心理。

而如果是欠考慮、易衝動的人，為了避免後悔，你要告訴自己：凡事要三思而後行。特別在感情衝動時，要立即警告自己：別光從自己的角度出發，和別人開玩笑，你要想想他會不會生氣。在批評人時，也要想想對方會怎麼想，不能光顧自己發洩。在承諾別人時，不能光讓對方滿意，要考慮一下自己能否承受得了。

Chapter

3

聰明處事，低調做人

常言道：「識時務者為俊傑。」所謂俊傑，並非專指那些縱橫馳騁如入無人之境、衝鋒陷陣無堅不摧的英雄，而是應當包括那些看準時局、能屈能伸的聰明者。所有的俊傑，必須具備這樣的素質，即能夠正眼看待現實，不浮躁，不虛妄，敢於面對人生的悲歡境遇。

用好方圓之理，必能無往不勝

方為做人之本，圓為處世之道。

「方」，方方正正，有稜有角，指一個人做人做事有自己的主張和原則，不被外人所左右。「圓」，圓滑世故，融通老成，指一個人做人做事講究技巧，既不超人前也不落人後，或者該前則前，該後則後，能夠認清時務，使自己進退自如、遊刃有餘。

一個人如果過分方方正正、有稜有角，必將碰得頭破血流；但是一個人如果八面玲瓏、圓滑透頂，總是想讓別人吃虧，自己占便宜，也必將眾叛親離。因此，做人必須方中有圓，圓中有方，外圓內方。外圓內方的人，有忍的精神，有讓的胸懷，有貌似糊塗的智慧……

「方」是做人之本，是堂堂正正做人的脊梁。人僅僅依靠「方」是不夠的，還需要有「圓」的包裹，無論是在商界、仕途，還是交友、情愛、謀職等等，都需要掌握「方圓」的技巧，才能無往不利。「圓」是處世之道，是妥妥當當處世的錦囊。現實生活中，有在學校時成績一流的，進入社會卻成了打工的；有在學校時成績二流的，進入社會卻當了老闆的。

這是為什麼呢？因為成績一流的同學過分專心於專業知識，忽略了做人的「圓」；而成績二流甚至三流的同學，卻在與人交往中掌握了處世的原則。正如卡內基所說：「一個人的成功只有百分之十五是依靠專業技術，而百分之八十五卻要依靠人際關係、有效說話等軟科學本領。」

真正的「方圓」之人是大智慧與大容忍的結合體，有勇猛鬥士的威力，有沉靜蘊慧的平和。真正的「方圓」之人能對大喜悅與大悲哀泰然不驚。真正的「方圓」之人，行動時幹練、迅速，不為感情所左右；退避時，能審時度勢、全身而退，而且能抓住最佳機會東山再起。真正的「方圓」之人，沒有失敗，只有沉默，是面對挫折與逆境積蓄力量的沉默。

我們經常在報紙上見到窮凶惡極的罪犯闖入老百姓的家裡，殺人強盜、綁架無辜或逼人做質的時候，被害人是怎樣委曲求全，先以圓滑誠懇的語言贏得罪犯的信任，然後伺機在罪犯不注意或誤認為在他的脅迫下真的與其合作的時候，出其不意地逃脫報案或擊敗罪犯。這其實是外圓內方的最好案例。試想，假如面對凶狠的罪犯，暴跳如雷，罪犯不先砍掉你的腦袋才怪呢。只有把「方」用「圓」先掩蓋起來、包藏起來，裝出很誠實的樣子，利用笨拙的誠實穩住對方，充分地運用對方的憐憫之心，使對方不加害自己，才能為施展擒拿罪犯的計謀贏得時間和條件。

這種外圓內方的辦法，在歷史上早已有之。《三國演義》中有一段「曹操煮酒論英雄」的故事。當時劉備落難投靠曹操，曹操很真誠地接待了劉備。劉備住在許都，在衣帶詔簽名後，為防曹操謀害，就在後園種菜，親自澆灌，以此迷惑曹操，放鬆對自己的注意。

一日，曹操約劉備入府飲酒，談起以龍狀人，議起誰為世之英雄。劉備點遍袁術、袁紹、劉表、孫策、張繡、張魯，均被曹操一一貶低。曹操指出英雄的標準——「胸懷大志，腹有良謀，有包藏宇宙之機、吞吐天地之志。」

劉備問：「誰人當之？」曹操說：「今天下英雄，惟使君與操耳！」劉備本以韜晦之計棲身許都，被曹操點破是英雄後，竟嚇得把匙筯丟落在地下，恰好當時大雨將至，雷聲大作。曹操問劉備為什麼把匙筋弄掉了？劉備從容俯拾匙筋，並說：「一震之威，乃至於此。」

曹操說：「雷乃天地陰陽擊搏之聲，何為驚怕？」劉備說：「我從小害怕雷聲，一聽見雷聲只恨無處躲藏。」自此曹操認為劉備胸無大志，必不能成氣候，也就未把他放在心上，劉備才巧妙地將自己的慌亂掩飾過去，從而也避免了一場劫難。

劉備在煮酒論英雄的對答中是非常聰明的，他用的就是方圓之術，在曹操的哈哈大笑之中，免去了曹操對他的懷疑，最後才能如願以償地逃脫虎狼之地。

至於三國後期的司馬懿，更是個外圓內方的高手，他佯裝成快要死的人，瞞過了大將軍曹爽，達到了保護自己、等待時機的目的，最後實現了自己的抱負，統一天下。這正是「鷹立似睡，虎行似病。」

總之，人生在世，運用好「方圓」之理，必能無往不勝，所向披靡；無論是趨進，還是退止，都能泰然自若，不為世人的眼光和評論所左右。

待人接物要適度

我們平常只要稍加留意，便不難發現諸如此類的現象：兩個人以前親密無間，不分彼此。可是，沒過多久卻翻臉為敵，不僅互不來往，而且反目成仇。何以至此？

西方有一種「刺蝟理論」對此可作詮釋。「刺蝟理論」說：刺蝟渾身長滿針狀的刺，天一冷，它們就會彼此靠近，湊在一塊。但仔細觀察後發現，它們之間始終保持著一定的距離。

原來，距離太近，它們身上的刺就會刺傷對方；距離太遠，它們又會感到寒冷。只有若即若離，距離適當，才能既保持理想的溫度，又不傷害對方。

「刺蝟理論」如是說：距離太近，就會刺傷對方。一般來講，人與人密切相處當然不是一件壞事，否則怎麼會有「親密的戰友」、「親密的夥伴」、「如膠似漆的伴侶」等譬詞呢？

但任何事情都不能過分，過分就會走向極端。俗話說：「過儉則吝，過讓則卑。」就是這個道理。在現實生活中，這種「親則疏」的現象是較為普遍的，這大概也可算作一條交際規律。

古人曾告誡說：「親善防讒。」也就是說，要想結交一個有修養的人不必急著跟他親近，以免引起壞人的嫉妒而在背後誣衊誹謗。因為，一旦顯出與君子交往而過分親密，小人就可能由於被冷落而忌恨，生出挑撥的念頭，就會從中「離間」，使彼此生疑，此其一。

事實證明，越是親近的人，被傷害的程度就越大，由此產生的怨恨就越深，歷史上兄弟相殘、父子交兵的事件屢見不鮮。可見，嫉妒、猜忌的心理，骨肉至親之間比陌生人之間顯得更加厲害，此其二。

在上下級之間，主管大都十分珍視自己的尊嚴，有了尊嚴才有神祕感，才能吸引人。一旦上下級之間過於親密，就會失去這種神祕，主管的吸引力也就會蕩然無存。因為「親近滋長輕視」，任何主管在他的貼身侍從眼裡都成不了什麼英雄，此其三。

因此，朋友之間不可以過密，上下級之間不可以過親，否則就會造成彼此的傷害。

「刺蝟理論」告訴我們：距離太遠，就會感到寒冷。人際交往過密不好，那麼是否意味著越遠越好呢？當然不是。

不過現在卻有這樣一些人，他們自命清高、目中無人，這個也瞧不起，那個也看不上，與任何人都不來往；有的人消極地認為世間險惡，交際虛偽，企圖尋求一種世外桃源來隔絕人世塵緣，不願與外界接觸。

其實，交際雖然從某種意義上來說是一種利益驅動，但實質上交際是一種互惠互利的行為。你與人接觸得多了，就能增進瞭解，遇事能彼此幫忙。在一般情況下，人們首先會想到去幫助與自己接近和熟悉的人，最後才會考慮那些不太熟悉和陌生的人，「遠親不如近鄰」說的就是這個道理。

因為，遠親雖親但距離遠，且資訊溝通慢；鄰居雖非親非故，但距離近，且經常來往，相互幫助的機會就多些。若「老死不相往來」，親戚也會變得不「親」，以往再親近的人也會慢慢淡漠，直至疏遠。這樣，自己就會感到孤獨，甚至會留下終身遺憾。

凡事不能過「度」，任何事物走向極端就等於走到反面。「刺蝟理論」中的相處適度原則道出了交際的真諦。任何事物都具有兩重性。比如好與壞、親與疏等都是辯證統一的關係，而且在一定條件下可以互相轉化。

在人際交往中，親密一旦達到過分的程度就意味著疏遠的開始。所以，為了避免這種過分親密帶來的危機，就必須在心理上保持一定的距離，在經濟上保持相對獨立，在行動上不形影相隨。保持一種「若即若離」的狀態，這樣就可避免樂極生悲、恩將仇報的交際悲劇，和由於友情破滅而導致的嫉恨和憤懣。要達到上述境界，必須做到：

1 「不卑不亢」做人

在現實生活中，不同品行的人，做人的態度也不一樣。溜鬚拍馬的人表現為卑躬屈膝，剛直不阿的人則表現為不卑不亢。溜鬚拍馬、投人所好，興許能一時討人歡喜，可以密切一下彼此的關係，但那是不牢靠的，久而久之必被識破。只有那些不卑不亢、光明磊落之人，才能擁有永久的朋友。

2「不歪不斜」立身

一個具有高尚品格的人，必是其身正派之人。孔子曰：「其身正，不令而行；其身不正，雖令不從。」這句話用在人際交往上就是：一個人通過塑造自身形象，便可以影響別人，使人在潛移默化中按照你的意願去行事；一個立身不正的人，一個品行不端、惡貫滿盈的人，是沒有人願意與之相處的。只有堂堂正正地立身，以崇高的形象去吸引人，才能使友誼地久天長。

3「不偏不倚」辦事

辦事幹練令人佩服，辦事公道則受人敬重，「受人敬者人緣好」。所以，做任何事情都不能偏心，偏心就會遭人恨。不少人往往忽視了這一點，他們在有些問題上喜歡拿原則做交易，放棄原則當「好人」，原以為這樣就可以拉上幾個朋友，殊不知，這樣做只能適得其反。

因為維持了一小撮，必將得罪大多數，因小失大，得不償失，到頭來只會是搬起石頭砸自己的腳。實際上，一個不偏不倚、能一碗水端平的人，是最得人心、最受人愛戴的。所以，在人際交往中，辦事要公平，講大局，講原則，既不偏袒這一方，又不倚向那一方。

4「不親不疏」交友

在當今開放的時代，隨著社會生活節奏的加快，人們的交際領域和交際方式也在不斷地拓展和改變，以往那種交際範圍相對固定、對象相對穩定的社交格局，逐漸被交際的複雜化所代替。

每個人除了與自己的家人、同事、親朋、鄰居相處外，還會與一些「萍水相逢」、「一面之交」的人打交道。要與這些人成為朋友，並能和諧相處，必須要把握好分寸，既不能對某個人過分親密，又不能對某些人過分疏遠（即使你很討厭他，也不能這樣做），要一視同仁。

即使得到了志同道合的新朋友，也絕不能忘卻患難與共的老朋友。對於那些大獻殷勤、討好賣乖的人，絕不能親近；對於那些敢進逆耳忠言的人，絕不可疏遠。因為只有諍友，才肯直言規過。因此，只要「不親不疏」，定能「保你不孤」。

冷靜面對不如意的人和事

在生活和工作中，難免會碰到無事生非、製造謠言、嫉賢妒能、偏聽偏信的人，以及各種以權謀私、以勢壓人、陰謀詭計、欺騙虛偽等。也許你確實是與人為善，但是你的善未必能換來善。

任何創造都是在客觀上對於平庸的挑戰；任何機敏和智慧都在反襯著愚蠢和蠻橫；任何好心好意都在客觀上揭露著、為難著心懷叵測的人；而任何大公無私都好像是故意出小肚雞腸的人的洋相。在工作中，你做得越好，就越會有同事忌妒你，這是不能不正視的現實。

那麼，我們能不能做到，保持乾淨更保持穩定，保持操守更保持好心情，保持正義感更保持理性，保持有所不為有所不信更保持與人為善呢？

許多時候，你的絕大多數同事還是好的，至少是正常的。而多數情況下，絕大多數人，他們對待你的態度取決於你對他們的態度。至於說到他們的毛病，不見得一定比你多，即使常常是不比你少。

無論如何，我們可以努力使自己變成一個和善安定的因素，我們可以努力做到心平氣和、冷靜理智、謙恭有禮、助人為樂，而不是相反。急火攻心，暴躁偏執，盛氣凌人，四面樹敵。

對心懷敵意，甚至已不擇手段要傷害你的同事，你也可以反躬自問，自己有什麼毛病？有什麼使他或她受到傷害的紀錄？有沒有可能消除誤解化「敵」為友？還要設身處地想想對方是否也情有可原。

從長遠看，一切個人的忌恨怨毒，一切鼓噪生事，一切不具名告狀……在一個相對穩定的形勢下，作用十分有限，而且還可能起反作用。你見怪不怪，其怪自敗。大可以正常行動，平穩反應，保持美好心態，不受干擾，讓各種事務按部就班地進行。

當然，不是說任何人你不理他就沒事了，也有沒完沒了地搗亂騷擾的。但是我們日常說的「一個巴掌拍不響」，心理學家認為，至少有百分之八十四點三適用性。對那百分之十五點七的討厭者，必要時，看準了，找對了，在最有利的時機，你也可以回擊一下。但這絕非常規，偶爾為之則可。

樂於接受別人的忠告

人非聖賢，孰能無過？我們每個人在性格或在待人處事方面，難免有不曾發覺的死角或是一時疏忽。若在此時，有人提醒我們的缺點，我們應衷心感激不已。所謂朋友之道，貴在勸導忠告。「忠告如雪，下得越靜越長留心田，也越深入心田」（瑞士．希爾泰《書簡——友情》）。忠告是別人送給你最豐富的禮物。

「良藥苦口利於病，忠言逆耳利於行。」「人受諫，則聖；木受繩，則直；金受礪，則利。」（孔子家語）

然而現代社會，能夠直言不諱地指責他人缺點者已日漸減少。無論是你的上級、長輩或同事，大都不願意冒著使別人惱恨的危險去忠告別人，追究其原因，如果人人皆能誠懇、虛心地接受別人的忠告，而且都期待他人的忠告，這種現象又如何會出現呢？平心而論，真正能夠苦口婆心地勸告我們，指責我們的人是誰呢？不外是父母、師長、兄弟姊妹、妻子朋友或子女等。他們的目的無非是希望我們在人際關係上更圓滿，在事業上更成功。

但是，忠言逆耳，大多數人對於忠告總是有一種反抗心理，從而導致原有的密切關係破裂，在某種程度上說，提出忠告確是一件危險的事情。如在這種情況下仍有不顧後果提出忠告者，一定是對我們懷有深厚感情之人。

一個從來不曾受到他人忠告的人，看似完美無缺，實際上可說他是一個毫無良好人際關係的真正孤獨者。由此看來，受到忠告正說明你周圍有人在關心你。「不聞大論，則智不宏。不聽至言，則心不固。」（漢·荀悅《申鑒》）但是，若接受忠告時的態度不夠坦然，則將會使你的朋友棄你而去。

從另一個角度來說，提出忠告者也能從你的態度中得知你是否是一個坦誠的人，或是個驕傲自大的人，或冥頑不靈的人，進而影響對你整個人格的評價。一個謙虛上進、追求完美的人，一定是個能夠接受任何善意建議的人。如此，即使是與你只有點頭之交的人，也將樂於對你提出忠告。具體而論，接受別人的忠告，應把握以下幾點：

1 要「照單全收」

忠言必須「照單全收」，不管正確與否，事後再慎加選擇，切莫拒絕，更不能當場輕下諾言。

2 誠懇的道歉

「啊！是我疏忽了，十分抱歉，今後一定改進。」「對不起，這是我的錯，請你原諒。」如能誠心地道歉，對方一定能原諒。

3 不逃避責任

別人忠告你時，如果你「但是」、「不過」、「因為」等如此一味的辯解，或急欲掩飾過錯、保護自己，只會使你的過失更加嚴重，使存在的問題變得更加複雜，因而無法尋找正確的解決之道。

4 不強詞奪理

有些人在犯錯誤之後，受到長輩的指責，非但不思悔改，反而理直氣壯地陳述自己的不正確的理由，說什麼：「難道你就那麼十全十美從沒犯過錯誤嗎？」如此的態度將使長輩再也不管你的事，這對自己有害無益，而且將會阻礙你人格的發展。

5 不自我寬恕

許多人遭到失敗時，總是替自己找許多理由和藉口來寬恕自己，或認為不是自己能力不高，而是時運不濟等等。如持這種態度，最終仍將無法克服自己的缺點，而使自己更顯孤獨，對於別人的忠告不要默然置之，必須表現出樂於坦誠接受的態度。

對於別人的忠告，應仔細反省其所指責的事物，絕不應該耿耿於懷。敞開胸懷接受批評，澈底反省、思過、改進，接受忠告並善加活用，使他人的忠告成為自我成長的原動力，這才是一個正常人應持的正確的處世態度。

6 對事不對人

大智若愚，並不委屈人

「大智若愚」被普遍認為是做人智慧中最高、最玄妙的境界，如果有誰能得到「大智若愚」的評價，那表明他可以在人生舞台上立於不敗之地了。

從字面上理解，大智若愚亦即最高的智慧接近於沒有智慧，接近於木訥，接近於愚。智慧（尤其指的是智術）如果過於外露，仍然稱不上高級的智慧，「聰明反被聰明誤」，一個人過分地精於算計反而會被人算計。

「大智若愚」的派生詞「大巧若拙」、「大直若屈」、「大辯若訥」，它們表明至高的謀略，至高的技巧，至高的境界並不是直接地、赤裸裸地、一覽無餘地展現在人們面前，它擁有豐富的層次與內涵，擁有保護自身的機制。

從智謀的原則來看，它仍然體現為以靜制動、以暗處明、以柔克剛、以反處正之道，表現為降格以待的智慧。

愚、拙、屈、訥都給人以消極、低下、委屈、無能的感覺，使人的第一感覺難以產生好感，使人放棄戒懼或者與之競爭的心理，使人對它加以輕視和忽視。但愚、拙、屈、訥卻是人為營造、迷惑外界的假象，目的正是為了要減少外界的壓力，鬆懈對方的警惕，或使對方降低對自己的要求。

如果要克敵制勝，那麼可以在不受干擾，不被戒懼的條件下，暗中積極準備，以奇制勝，以有備對無備；如果意圖在於獲得外界的賞識，愚鈍的外表可以降低外界對自己的期待，而實際的表現卻又超出外界對自己的期待，這樣的智慧表現就能格外出其不意、引人重視。

「大智若愚」是在平凡中表現不平凡，在消極中表現積極，在無備中表現有備，在靜中觀察動，在暗中分析明，因此它比積極、比有備、比動、比明更具優勢，更能保護自己。

在中國古代做人術中，「大智若愚」演變為一套內容極其豐富的韜光養晦之術。

樂毅率燕軍踏平齊國，田單又率齊人大破燕軍，功成名就之時，卻都是遭君王猜忌之日。

那些見過大風大雨的「過來人」，對老子的名言「挫其銳、解其紛、和其光、同其塵，是謂玄同」理解格外深刻。因而每當身處一些「特殊關係」的微妙場合，或者在面臨生命威脅的緊要關頭，韜晦一方無不恬然淡泊，大智若愚。

商紂王荒淫無道、暴虐殘忍，一次作長夜之飲，昏醉不知晝夜，問左右之人，「盡不知也」，又問賢人箕子。箕子深知：一國皆不知，而我獨知之，吾其危矣。於是亦裝作昏醉，辭以醉而不知。

戰國四君子之一魏信陵君廣結天下豪傑，廣招天下賢才，「士以此方數千里爭往歸之」，擁有足以與魏王抗衡的政治實力，魏王也不得不讓他三分。

可是當他公然「竊符救趙」，違背魏王的意志，解救了正受秦兵壓境威脅的趙國，建立巨大功勳之後，卻使魏王難以容忍，「諸侯徒聞魏公子，不聞魏王」，秦國馬上施以離間之計，促使魏王剝奪了信陵君的實權。

魏王擔心信陵君威望猶在，有朝一日會東山再起，仍然視作心腹大患，信陵君為此「謝病不朝，與賓客為長夜飲，飲醇酒，多近婦女」，以降低人格的方式減輕魏王的戒懼。

韜晦之術在漢以後的所有做人術中發展最為充分，許多成大事者，在成就之前都有韜晦的歷史，無不以弱者的形象做出強者的舉動，善於避讓那些看似胸無大志，實際暗伏殺機的身邊人。

如何克服狂妄自大

狂妄，指極端的自高自大。

人為什麼狂妄自大呢？這要從狂字的本意談起。狂字本謂狗發瘋，如狂犬。因而「狂」字與「人」字結合，便會失去人的常態。

狂妄，有時是因為太自大，有時卻是因為太自卑。

面對一個狂妄而驕橫的人，我們無須與之理論，時間自會證明他的實際價值，事實自會懲戒他的可笑無知。狂妄的人常常在無意中傷人，也常常因為這種無意而受傷。

有一些人，並不一定沒有才華，他之所以不能施展才華的原因，是因為太狂妄。沒有多少人樂意信賴一個言過其實的人，更沒有多少人樂意幫助一個出言不遜的人。

狂妄之人，多是無禮之人；無禮之人，多是孤立之人；孤立之人，多是最終失敗之人。大凡具有大家風度的人，多具有謙遜的品德，而狂妄之人，骨子裡實在是透著一股小家子氣。

最糟糕的要算是既狂妄又無能的人，狂妄使他什麼都敢做，無能使他把什麼都弄糟。狂妄使榮譽受損，成就減半。從近處來說，狂妄會限制發展；從遠處來說，狂妄會斷送前程。

在科學上，你若是愛因斯坦，你或許有本錢狂妄，但愛因斯坦只有一個；在哲學上，你若是柏拉圖，你或許有本錢狂妄，但柏拉圖只有一個；在音樂上，你若是莫札特，你或許有本錢狂妄，但莫札特只有一個；在文學上，你若是莎士比亞，你或許有本錢狂妄，但莎士比亞只有一個；在美術上，你若是米開朗基羅，你或許有本錢狂妄，但米開朗基羅只有一個……

世界之大，偉人之眾，即使一天二十四小時掰著指頭不停地數，也不知什麼時候才能數到我們頭上！所以說，我們又有多大的本事和成就可以狂妄呢？

狂妄與無知常常聯在一起，俗話說：「鼓空聲高，人狂話大。」凡是狂妄的人，都過高地估計自己，過低地估計別人。他們口頭上無所不能，評人論事誰也看不起，總是這個不行，那個不行，只有自己最行；在他們眼裡，自己好比一朵花，別人都是豆腐渣。

有的人讀了幾本書，就自以為才高八斗，學富五車，現時的文學大家、科學巨匠全都不看在眼裡；有的人學了幾套拳腳，就自認為武功高強，身懷絕技，頗有打遍天下無敵手的氣勢；有的人演過一兩部電影，就自以為演技超群，名揚四海，儼然當代影視圈中最耀眼的巨星……

狂妄的結局是自毀、是失敗，這是被無數事實證明了的客觀規律。縱觀歷史，只有虛心謹慎、求真務實的人，才能在事業上有所成就。

在現實生活中，無知者狂妄，當然令人鄙夷，就是有一些本事的人，狂妄起來也毫無益處。有了本事自視過高，並進而發狂，表面看來，似乎狂得有點「道理」，其實，這是不知天高地厚的表現。他們不懂得人外有人、天外有天的道理，妄自尊大，總想出人頭地露一手。殊不知，等待這些人的只能是摔大跟頭。

人生在世，總是謙虛一些、謹慎一些，多一點自知之明為好。人們常說：「天不言自高，地不言自厚。」自己有無本事，本事有多大，別人都看得見。

看看那些成績斐然、為人類社會做出重大貢獻的科學家們，看看那些功力深厚、引譽世界的藝術大師們，他們當中，絕少有人因為自己具有足夠本錢而狂的。他們倒是非常自知而又非常謙虛，所以，我們的行動準則，應是戒驕破滿，為人不可狂妄。

Chapter

4

開創人際關係的新局面

你手上有一顆蘋果，我手上也有一顆蘋果，兩顆蘋果交換後每個人還是一顆蘋果；如果你有一種能力，我也有一種能力，兩種能力交換後就不再是一種能力了。

每個人都應該認識到個人的能力是有限的，一個人永遠無法做好所有的事情。即使一個人精力無限充沛，也不可能做好所有的事情，所以合作是必要的，也是必需的。

互得之道：助人即助己

我們說做人要相信自己，那麼是不是說總要用懷疑的眼光去看別人呢？其實大可不必，而是應當在「助人亦助己」的做人之道引導下，去相信你能相信的對象，這叫借力之功。不相信別人的人，不願意伸手助人的人，其實，他們根本不知道：歷史上有很多獲得成功的人，都曾受到一個心愛的人或一個真誠的朋友鼓勵。

如果沒有一個自信十足的妻子蘇菲亞，我們也許在偉大的文學家中找不到霍桑的名字。當他傷心地回家告訴她，他在海關的工作丟了，他是一個大失敗者時，她卻很高興地說：「現在，你可以寫你的書了！」

「不錯，」霍桑說：「可是我寫作時，我們怎樣生活？」

她打開抽屜，拿出一堆錢來。

「錢從哪裡來的？」他嚷道。

「我知道你有才華，」她回答道，「我知道有朝一日你會寫出一本名著來，所以我每週從家用中省下一筆錢，這些錢足夠我們用一年的。」

由於蘇菲亞的自信，美國文學史上最偉大的一本小說——《紅字》在霍桑手中誕生了，難怪霍桑後來說：「人與人之間的互助是絕對重要的，這可以關係到一個人是凡人，還是巨人。」

由此，我們可以看到這樣一個做人之本：幫助別人成功，是追求個人成功最保險的方式。每個人都有能力幫助別人，一個能夠為別人付出時間和心力的人，才是真正富足的人。

如果一個人頂尖的成就中讓你感到有自己的一份，你能夠說：「是我讓他有今天。」這將是你最值得驕傲的事情。

幫助別人不僅利人，同時也提升本身生命的價值。不論對方是否接受你的幫助，或是否感激。想想看，如果每一個人都幫助另外一個人，世界將變得多麼和諧與美好！當然，我們每一個人也都會得到別人的幫助。

所有善於做人者都有一個共同的特性——他們都懂得如何有效地與別人打交道。有些人在這方面有可貴的直覺，他們學到了這方面的技能。人們應當懂得如何去影響別人的思維方式，任何事情的失敗，常常都可以歸結為與他人打交道的失敗。

對於我們生存的這個世界來說，人是最寶貴的。對於生存於世的每一個個體來講，人也是最重要的。只要你生存在這個世界上，不管你願意與否，你都必須和人打交道，如今沒有人能夠到森林山洞隱居，忍受魯賓遜式的孤獨生活。為了讓自己的努力換來更大的成功，我們離不開社會環境，離不開周圍的人。

任何人際關係，無論是私人交往，還是業務關係，如果它是以成年人的那種互利的觀念來支配的話，對雙方來說只會有益。你為別人提供急需的東西，人家也會滿足你的需求。

米歇爾是一位年輕的演員，剛剛在電視上嶄露頭角。他英俊瀟灑，很有天賦，演技也很好，一開始時扮演小配角，現在已成為主要角色演員。從職業上看，他需要有人為他包裝和宣傳以擴大名聲。因此他需要一家經紀公司，為他在各種報刊雜誌上刊登他的照片和有關他的文章，增加他的知名度。不過，要建立這樣的公司，米歇爾拿不出那麼多錢來。

偶然的一次機會下，他遇上了麗莎。麗莎曾經在紐約一家最大的公關公司工作了好多年，她不僅熟知業務，也有較好的人緣。幾個月前，她自己開辦了一家經紀公司，希望最終能夠打入有利可圖的公共娛樂圈。但是到目前為止，一些比較出名的演員、歌手、表演者都不願和她合作，她的生意主要還只是靠一些小買賣和零售商店。

米歇爾和麗莎兩人一拍即合。米歇爾成了她的「招牌」，而她則為米歇爾提供出頭露面所需要的經費。他們的合作達到了最佳境界，米歇爾是一名英俊的演員，正在時下的電視劇中出現，麗莎便讓一些較有影響的報紙和雜誌把焦點放在他身上。這樣一來，她自己也變得出名了，並很快為一些有名望的人提供了社交娛樂服務，他們付給她很高的報酬。

而米歇爾，不僅不必為自己的知名度花大筆的錢，而且隨著名聲的增長，也使自己在業務活動中處於一種更有利的地位。

通過麗莎和米歇爾的相互合作，我們可以看到這樣一種格局：米歇爾需要求助於麗莎，獲得為自己作宣傳的開支；麗莎為了在她的業務中吸引名人，需要米歇爾作自己的「招牌」。你看，他們互相滿足了對方的需要。這一原則看來是如此的簡單明瞭，雙方的需要都得到同等滿足。

每個人都渴望實現自己的人生目標，但是如果不善於借助別人的幫助開始起跳人生，不善於給需要幫助的人送去幫助，是難以成功的。因此最有智慧的做人之道是——「助人亦助己」。如果你不相信這一點，甚至嘲笑這一點，那麼你早晚會成為一個假聰明的人。

創業成功需要合作

在我們今天的社會裡，要想靠單槍匹馬，笑傲江湖，是越來越難了。每個人都需要合作夥伴。所謂「一個好漢三個幫」、「紅花還要綠葉扶」，就是說現代人要有合作意識，共同創業。

多年前，賈伯斯和沃茲是在同學的一家車庫裡結識的，當時他們都是高中生。這兩個電腦迷想要一台「8800」，可是一時又湊不出錢，於是決定自己動手組裝。賈伯斯和沃茲賣掉了自己的一些東西，湊起錢準備裝一百套「蘋果I」電腦板，然後每台售價五十美元，可賺回兩千兩百美元，正好夠他們的本錢。「蘋果I」是沃茲設計的，目的是降低成本。

賈伯斯拿著樣品到當地的電腦商店去兜售，這家商店只訂了五十台。他們說，社會上大部分人不是想買散裝件，而是想買整套電腦。這給了賈伯斯最重要的市場訊息，而當時賈伯斯仍無意做企業家。這家商店的經營者卻是個有心人。為了敦促賈伯斯去設計製作全套個人電腦，便把「蘋果I」故意裝在了一只粗糙不堪的木盒裡。當賈伯斯再次到這家商店去的時候，他們就給設計者賈伯斯展示出了帶有木頭外殼的「蘋果I」，這促使賈伯斯下決心去設計製作美觀的外殼。賈伯斯和沃茲終於決定設計、生產完整的個人電腦了。這就是後來著名的「蘋果II」。

賈伯斯和沃茲原來都是技術人員，當他們決定自己開公司後，首要的問題是籌措資金。這時，創投企業家開始光顧這兩位年輕人了。來光顧的第一位是唐·瓦倫丁，他是賈伯斯和沃茲的老闆介紹過來的。瓦倫丁來到賈伯斯家後，看到賈伯斯穿著牛仔褲，散著鞋帶，留著披肩長髮，蓄著一臉大鬍子，怎麼看都不像是一位創業者的樣子。瓦倫丁先生覺得不妥，終於未敢問津，而把賈伯斯和沃茲介紹給了另外一位企業家——英特爾公司的前市場部經理馬庫拉。這是一位精明練達的創投企業家，對個人電腦業務十分精通。這位三十八歲的富翁來到賈伯斯的車庫裡，仔細詢問並實地考察了「蘋果」的樣機，提了一大堆問題。最後問起了關於「蘋果」電腦的商業計畫。賈伯斯和沃茲對買賣一竅不通，兩人當時面面相覷，說不出一句話來。

可是馬庫拉獨具慧眼，看出了這兩個小夥子是不會讓他失望的，於是他告訴賈伯斯和沃茲，一個詳細的計畫是吸引風險資本所必須的。此後，馬庫拉給他們倆上了兩星期的管理課，他們三個人日夜工作，制定了一項「蘋果」電腦的研製生產計畫。

馬庫拉首先將自己的九萬美元先期投入，又幫助賈伯斯和沃茲從銀行取得了二十五萬美元的信貸。接著，他們三個人又帶著計畫去馬庫拉熟識的創業投資家那兒遊說，吸引了另外六十萬美元的資金。至此，蘋果公司吸引了接近一百萬美元的風險資本。他們聘請了三十三歲的邁克爾·斯科特當經理，因為他熟悉積體電路生產技術。馬庫拉、賈伯斯任正副董事長，沃茲任研究發展部副經理，蘋果個人電腦公司就這樣正式開張，走上了它飛速發展的道路。

賈伯斯和沃茲以及馬庫拉，這些人之所以能夠成功，就是因為他們合作與溝通的結果。如果賈伯斯和沃茲沒有遇到馬庫拉，不僅沒有他們後來的成功創業，包括個人電腦的歷史恐怕都要重寫了。

利用各種方式和途徑擴大交際圈

要想更好地立足於社會，就要盡可能多交幾個朋友，來拓展自己的人際關係。只有朋友多了，視野才能更開闊，生活才更充實，自己的幫手才會越來越多。

交友是每個人所必需的，並不是大人物的專利品。如果渴望廣結人緣，在你的周圍，就有不少人選，待你去發現。比如你的長輩、兄弟，他們的工作內容可能和你毫不相關，但是他們都交有一些朋友，這樣一來，長輩和兄弟也可以作為你廣結人緣的對象，再進一步說，如果以長輩和兄弟為媒介，則能找到更多的朋友。再看看你父親那邊的親戚吧！假如父親的兄弟還健在的話，以年齡來看也許已經達到相當的地位了；同樣的，你母親這邊的親戚也應檢查一下，同輩的堂表兄弟們，也可以作為廣泛交友的來源。此外，連你的姻親，都是廣結人緣的對象。像這樣僅僅靠著血緣的關係，就可以使你的交友範圍逐漸地擴大起來。

英年早逝的著名詩人徐志摩，就很善於利用血緣關係來尋找自己的師友作「朋友」。

徐志摩在七歲的時候，就已經非常聰明，且對語言及文學表現出濃厚的興趣，但直到十五歲，他還覺得自己在這方面的學習長進不大，迫切需要一位精於此道的老師來指點。他聽說梁啟超是良師，但梁啟超是大名鼎鼎的人物，想拜他為師可不容易。於是，他就前往表舅家請表舅從中為其引見，因為徐志摩的表舅與梁啟超相交頗深。

在與表舅的一席交談中，徐志摩充分表達了自己的迫切願望，他對長輩的謙恭之情，深深打動了表舅，使表舅覺得此子是可造之材，於是，他親自帶徐志摩去梁啟超家，讓其拜在梁啟超的門下。從此，在老師的輔導與自身的努力下，徐志摩在詩歌上的造詣突飛猛進。最後，終於成了一個偉大的詩人。試想，如果徐志摩不是運用了親戚這個特殊的朋友關係，又怎麼能夠拜師學習並成為一名偉大的詩人呢？

其次，要把目標轉移到你的家鄉，一些父老兄弟由於同鄉的關係，能夠順利地結成朋友；然後在你現在的住所附近，看看有沒有能成為朋友的人物。

一名叫韋伯的人憑著智慧與汗水創辦了一間大型企業公司，經過幾十年的奮鬥與拼搏，現已成為同行業中執牛耳者。韋伯雖已成家立業，但時時刻刻都在想著家鄉以及家鄉的人，現在年齡也大了，有落葉歸根的想法，但苦於工作太忙，無法回去。

這時，韋伯的家鄉為了修築一座大橋，需要一筆不小的資金，當地政府千方百計地籌措，才籌到了總數的三分之一，於是就派出陳先生去找韋伯，希望能得到援助。

陳先生為人聰明，善於交際，且很有辦法。他看了韋伯的詳細資料後，就判斷韋伯這時也很有回家鄉投資的意向。因此，在沒有任何人員的陪同，也沒有準備任何禮品的情況下，陳先生獨自一人前往香港，並且打包票定會籌到款項。

當韋伯聽到家鄉來人時，在欣喜之餘也感到有些驚訝。因為久不聞家鄉的訊息，突然有人來了，該不會是招搖撞騙的吧！韋伯心裡不由生起陣陣疑心，但出於禮節，還是和陳先生見了面。

陳先生一見韋伯這種態度，知道他還未完全相信自己。於是他挑起了家鄉的話題，只講家鄉的風貌變化，他那生動的語言，特別是那濃濃的愛鄉之情溢於言表，令韋伯深受感動，也將他帶回了童年及少年時期，想起了那時的家鄉、那裡的爺爺奶奶還有鄰里親戚……顯然，韋伯記憶深處中的那塊思鄉領地已被陳先生揭開了蓋頭，蘊藏在心中的那份幾十年的感情全部流露了出來，欲罷不能。

就這樣，經過三個小時的「聊天」，陳先生對借錢一事隻字未提，只是與韋伯回憶了家鄉的變遷，猶如放電影一般。最後，韋伯不但主動提出要為家鄉捐款一事，還答應了與家鄉合資開工廠的要求，並與陳先生成為「忘年之交」。陳先生巧妙利用「老鄉」關係，成功地達到了求人辦事的目的，更給自己增加了一位可以信賴的朋友和靠山。

除了親戚、同鄉人可以結為朋友之外，還可以考慮一下你的同學。每每提起同學，都會勾起很多甜美的回憶。無論是同班同學，還是你的校友，或者是曾經和你在同一個球隊裡打球的隊友，談起從前的日子，都會備感親切，難道還不會成為朋友嗎？

另外，許多曾經與你共事的人都可以成為你結交的對象。比如和你一起參加研究會的朋友；你的同事以及公司內所有接待過的人士；甚至還有離開你們公司的舊同事，他們都有可能成為你的朋友。

結交朋友的方式和途徑其實有很多，關鍵在於你如何去把握和利用。只要認清了做人的祕訣，有心廣結人緣，機會多的是，像共同興趣的集會或者社團，還有各種活動中心，都是你交友的場所；甚至連餐館和咖啡廳裡都能交到朋友。

總的說來，要擴大你的交友圈，隨時隨地結交新朋友，你的友誼之樹才能根深葉茂，無論走到哪裡都會擁有無數的朋友。

篩選自己的人際關係網

在工作與生活的過程中，搜集與組織關係網其實是有可能的，但試圖維持所有關係似乎是不可能的，而想要在現有的人際網路內加進新的人或組織就更加艱難。因此，在組建人際關係網的時候，必須學會篩選。換言之，你必須隨時準備重新評估早已變得難以掌握的人際網路；對現有的人際關係網重新整理；放棄已不再對你感興趣的組織和人。

篩選雖然不容易，但仍是可以做得到的。選擇本來就是一件很困難的事，結果往往更令人痛苦。然而有句話說得很對：有失才有得。

很多時候，當你要跟某人中斷聯繫時，你根本無須多說什麼。人海沉浮，當彼此共同的興趣已不復存在時，便是分道揚鑣的時候，中斷聯繫其實是個自然而然的過程。退出某個組織有時也許只是再也不參加任何活動，或是向負責人解釋一下。總之，如何處理「脫隊」事宜，應視情況而定。

你衣櫃滿了，需要清理與調整，以便騰出空間給新的衣服。同樣的道理，你的人際關係網也需要經常清理。

國際知名演說家菲立普女士曾經請造型顧問帕朗提幫她做造型設計。菲立普女士說：「整理出來的衣服總共分成三堆：一堆送給別人；一堆回收；剩下的一小堆才是留給自己的。有許多我最喜歡的衣物都在送給別人的那一堆裡，我央求帕朗提讓我留下一件心愛的毛衣與一條裙子。但她搖搖頭說道：『不行，這些也許是妳最喜愛的衣物，但它們不適合妳現在的身分與妳所選擇的形象。』

「由於她絲毫不肯讓步，我也只得眼睜睜地看著自己的大半衣物被逐出家門。我必須學著捨棄那些已不再適合我的東西，而『清衣櫃』也漸漸地成為我工作與生活的指導原則。不論是客戶也好，朋友也好，衣服也罷，我們必須評估、再評估，懂得割捨，以便騰出空間給新的人或物。我也常用這個道理與來聽演講的聽眾分享，這是接受並掌握生命、生涯不斷變動的一種方法。」

清理人際關係網的道理也和清除衣櫃類似。帕朗提容許菲立普女士留下的衣服，當然是最美麗、最吸引人、也是剪裁最得體的幾套。「捨」永遠不是件容易的事，雖然有遺憾，但從此擁有的不僅都是最好的，更重要的是也有更多空間可以留給更好的。

如果我們對自己的人際網路做同樣的「清除」工作，在去粗取精之後，留下來的朋友不就都是我們最樂於往來的嗎？我們應該把時間與精力放在讓自己最樂於相處的人身上。在平時需要奔波忙碌於工作、社交與生活之間的我們，篩選人際關係網路是安排生活先後次序的第一步。

持續地擁有所有的名片，只不過是自我滿足而已。倘若仍然保留那些一次也不曾利用的名片，則屬於完全缺乏人際關係價值。不過，被認為已經中斷聯繫的名片，也有可能在某種機會，如休火山般地再度復活。因此，即使被視作已經中斷聯繫的名片，也沒有必要完全拋棄。

名片的整理方法，可以按活火山、休火山、死火山等三種類別分類。如果任由名片不分程度地混雜在一起，原本仍然活躍的名片勢必會遭扼殺。不過，大費周折地將已經中斷聯繫的名片或者從未利用的名片仔細分類存放，不僅是時間的莫大浪費，也是毫無意義之舉。只需要將它們一起放在一個盒子保存即可。要記住：名片數量不等同於人際關係。

此外，對於視作活躍的名片，你也應該限定張數，不要任其擴增。比如，將活躍人際關係的名片數量限定為三本名片冊。一旦數量超過時，就必須重新進行全面檢查，將已無聯繫的名片移轉入已經中斷聯繫名片的盒子。

我們要努力把關係網變成資訊網，比如，認識一個新的合作夥伴很重要，至於和這位新夥伴合作的工作是否獲得成功，並不一定重要。即使成功，也未必意味著你和對方將成為永久的朋友。而失敗，也不表示今後無法再次合作。

無論失敗或成功，都不只取決於個人的努力或能力，必然會受到社會上種種因素影響。俗話說：「謀事在人，成事在天。」所以，不要太在意結果的成功與否，就算和上司介紹來的人一同工作，也無須擔心不必要的失敗。

就建立人際關係而言，工作以失敗結束反而更能增加彼此的親密度。比起勝利，戰敗較能產生長遠的交往關係。關鍵在於失敗後，應該如何展開後續行動。由於自己先開口邀人共事，抱回避責任的態度千萬不可。一旦自己逃避責任時，別人也必定離你而去。

多結交比自己優秀的人

要和人相識，並不像想像的那麼困難，就算要結交地位較高的人也是如此。尤其是年輕人，可以無所顧慮地和地位較高的人親近。

美國有一位名叫亞瑟．華卡的農家少年，在雜誌上讀了某些大實業家的故事，很想知道得更詳細些，並希望能得到他們對後來者的忠告。

有一天，他跑到紐約，也不管幾點開始辦公，早上七點就到了威廉．亞斯達的事務所。

在第二間房子裡，華卡立刻認出了面前那體格結實，長著一對濃眉的人是誰。高個子的亞斯達剛開始覺得這少年有點討厭，然而一聽少年問他：「我很想知道，我怎樣才能賺得百萬美元？」他的表情便柔和並微笑起來。兩人竟談了一個鐘頭。隨後亞斯達還告訴他該去訪問的其他實業界的名人。

華卡照著亞斯達的指示，遍訪了一流的商人、總編輯及銀行家。

在賺錢這方面，他所得到的忠告並不見得對他有所幫助，但是能得到成功者的指引，卻給了他自信。他開始仿效他們成功的做法。

又過了兩年，這個二十歲的青年成為他當學徒的那家工廠的所有者。二十四歲時，他是一家農業機械廠的總經理，為時不到五年，他就如願以償地擁有百萬美元的財富了。這個來自鄉村粗陋木屋的少年，終於成為銀行董事會的一員。

華卡在活躍於實業界的六十七年中，實踐著他年輕時來紐約學到的基本信條，即多結交有益的人。會見成功立業的前輩，能轉換一個人的機運。

年輕的男女都能直率地表達崇拜英雄的心意，可是年紀一大，就以為不可不將這種心意隱藏起來。但是隱匿崇拜英雄的心意是錯誤的。應當與你所崇拜的人親近，這才是良策。這不但能使對方感到高興，而且會鼓勵你，增加你的勇氣。

懷特是美國印第安那州小鄉鎮上的鐵道電信事務所的新員工。十六歲時他便決心要獨樹一幟。二十七歲時他當上了管理所所長。後來，他成為俄亥俄州鐵路局局長。

當他的兒子上學就讀時，他給兒子的忠告是：「在學校要和一流人物結交，有能力的人不管做什麼都會成功……」

你也許會覺得這句話太庸俗。但請別誤會，把有能力的人作為自己的榜樣並不可恥。朋友與書籍一樣，好的朋友不僅是良伴，也是我們的老師。

要與偉大的朋友締結友情，跟第一次就想賺百萬美元一樣，是相當困難的事。這原因並非在於偉人們的出群拔萃，而在於你自己容易忐忑不安。

年輕人之所以容易失敗，是因為不善於和前輩交際。第一次世界大戰中法國的陸軍統帥福煦曾說過：「青年人至少要認識一位善通世故的老年人，請他做顧問。」

哲學家薩加烈也說了同樣的話：「如果要求我說一些對青年有益的話，那麼，我就要求你時常與比你優秀的人一起行動。就學問而言或就人生而言，這是最有益的。學習正當地尊敬他人，這是人生最大的樂趣。」

不少人總是樂於與比自己差的人交際，因為藉此，在與友人交際時，能產生優越感。可是從不如自己的人當中，顯然是學不到什麼的。而結交比自己優秀的朋友，能促使我們更加成熟。

我們可以從劣於我們的朋友中得到慰藉，但也必須獲得優秀的朋友給我們刺激，以助長勇氣。

大部分的朋友都是偶然得來的。我們或者和他們住得很近，因而相識；或者是以未曾預料的方式和他們相識了。結交朋友雖出於偶然，但朋友對於個人進步的影響卻很大。交朋友宜經過鄭重地考慮之後再決定。

總之，事業成功的人，有賴於比自己優秀的朋友，不斷地使自己力爭上游。

其實，你應當牢記與有益的人結交並非太難的事情。首先將你所在城市的著名人士列出一張表，再將會對你的事業有所幫助的人也列出一張表，之後就是每星期去結交一位這樣的人。

偉大的人物才有偉大的友人。

「好形象，好人緣」就是本錢

大家都知道「伯樂與千里馬」的故事。當一個人不得志時，在一個偶然機會中被某老闆重用，而且做出很大成績時，我們常感嘆、羨慕地說：「有伯樂而後有千里馬，如果不是某老闆有識人之能，他不可能有出頭之日。」

其實這話只對了一半。一個領導管理階層的人，有識人之能固然重要，但是先決條件是：被賞識的人，必須先是具備某些被賞識的才能。如果你自己本身是大草包一個，伯樂越多你越沒有出路，因為真正的伯樂是不會賞識草包的。

包裝精美的產品，必定會吸引消費者的注意力；一個形象好的人，自然容易受到別人的賞識。兩者所不同的是，產品包裝注重的是外在美，而人的形象好壞，多半要靠內在的修養所形之於外的「光環」。

所謂「光環」，即你平時待人處事、一言一行所散發出來的訊息，讓別人感受到之後所產生的印象。

在這個多元化的現代社會中，各行各業都競爭得非常激烈，人們爭取成功所具備的條件也越來越複雜，除學歷高、能力強之外，更重要的一點是：你必須把自己塑造成一個受朋友喜歡、被部屬愛戴、受主管器重的人。

只要你努力讀書，有個高學歷並不難；只要你認真工作，在經驗中領悟工作方法和技巧，提升工作能力也不難。但是受朋友喜歡、被部屬愛戴、受主管器重和賞識的這種修養功力，卻是非常的不容易。

世界上學歷高、學問好、能力強的人多的是，然而世上懷才不遇的人也多的是。也許你認識的朋友中，就有不少這類人物，甚至於你自己就是其中之一。

站在愛惜人才的立場來說，這是一種可惜又可悲的現象。可是，你有沒有冷靜而認真地思考過，這種現象是如何發生的？真的是出於人們的嫉才心理嗎？

就拿做生意的人來說吧，哪一個老闆不希望用學歷高、能力強的人，然而，為什麼工商界也有那麼多懷才不遇的人呢？關鍵就在於他們自己塑造的形象，給人一種不良的印象，讓人產生敬而遠之的畏懼心理。從古到今，這類人物太多太多了，可說俯拾皆是。

自古以來都是如此，才華越高的人，「老闆」對他忠誠度的要求就越高。如果「老闆」發現沒有辦法使他心悅誠服，全心全力為他效力，他寧肯不用他。因為這種聰明過人的人，不像一般部屬一樣，多一個少一個都無所謂，一旦他生有異心，會造成無法估計的傷害。

什麼是良好的形象呢？這是個很不容易回答的問題，這要看對方衡量你的標準和感覺而定，這也就是人生際遇中所說的「緣分」。

不過，就一般的標準而言，依據通常的性格、智力、行為所訂的準則，也有一些不可缺少的條件。就性格而言，你給人的重要感覺之一是——通曉事理、易於溝通。

通曉事理就不會偏執，易於溝通就不會陷於僵局。如果你給人留下這樣的印象，而你的才能又是受人讚賞的，就很容易敲開成功的大門。

除了研究專門學問之外，不管你是從政還是經商，你絕不能給人留下一個「死不講理」、「自以為是」的印象。尤其是對你的頂頭上司，一旦你把這種形象樹立起來，你的前途就極為有限了。

解決事情的方式，就像通往羅馬的大路，絕對不會只有一種方法。站在你的立場，你認為這樣最好，站在別人的立場，則認為那樣最理想。為了解決問題，大家只好彼此進行溝通，研究出彼此都能接受的解決之道。

事實上，這種認定「自己的意見是最好的」固執之人，在社會中、每一個團體中都不在少數。而這些不在少數的人，都還是以為「自己是最聰明、最了不起」的人。

常聽人們說：「在貧困、苦難中長大的孩子都比較懂事。」這是因為他們知道自己的事業前途和養家活口的費用，雖然是靠自己勞動爭取的，但工作機會卻是別人給的。在感恩的心情下，自然凡事好商量，也容易與別人相處。在別人心目中，自然就變成懂事、通曉事理的人了。

在現代商業社會中，這樣「懂事」的年輕人越來越少了，但這並不表示已沒有可用之才。年輕人多半都是比較容易塑造的，只不過老闆和主管們要多費一番心血去教導、訓練。

總之，人在團體中，不論是對同事、對上司，你都應該給別人一個明是非、講道理的感覺，這樣人家才樂於跟你共事，有了問題才會跟你商量、溝通。

所謂「人緣好」，自然使人產生樂於親近的感覺。如此一來，朋友也好，同事、上司也好，會把你當成「推心置腹」可共商大事之人。一旦建立起這樣的關係，你在工作上的助力面越來越廣，成功的機率自然就越來越大。正所謂「得道多助」，你在創業過程中是不會孤單、寂寞的。

Chapter

5

讓人發自內心地佩服

作為一名上司，如果只會用手中的權力命令下屬做東做西，那是不明智的，是愚蠢的。其結果是，你的下屬只會服從你，卻不會喜歡你，你的工作永遠是被動型的，終有一天，你的下屬可能會採取某種手段和措施敷衍了事。關懷他們，或者說，用你的人格魅力，讓你的下屬喜歡你，心甘情願地為你工作，不失為一種投資少、見效豐的管理藝術。

先得人心，而後得天下

對於人民大眾，在中國古代有這樣一段精闢論述：「水可以載舟，亦可以覆舟。」這兒，就是把眾人比成了水。成大事者對於人民群眾力量的認識，能達到此種境界，真是不容易。

是的，只要能得到人心，就能建築起無數鋼鐵長城。作為一代英豪的朱元璋，同樣也認識到了眾人的力量是取得最終勝利的依靠，因此，他是如此的重視人心，每到一處地方，便收買一處的人心，朱元璋的天下就是由此而來。

為了謀求新的發展，朱元璋率軍進兵江南。採石城是一個比較富庶的南岸城池，該城一破，紅巾軍千軍萬馬頓時如潮水一般湧向城中的各個角落。對於久困和州、糧食供應緊缺、吃過伙食供應不足的苦頭的將士來說，出現在他們面前的那些牲畜、糧食，在他們心目中是比任何東西都珍貴的。

儘管軍紀嚴明，但出於圍糧為公的心理，都想把東西搶到自己的部隊裡去。因而採石城攻破之後，各路將士爭先恐後，不管是倉裡的還是園裡的，是官家的還是平民百姓的，也無論是衣是糧，雞鴨獵狗，你搶我奪，搶到手就往船上裝載，弄得滿城雞飛狗跳，亂作一團。此時，將士們全搶紅了眼，就是殺幾個人也難以遏止。將士們心同此理：餓苦了，餓怕了，因而就是拚命也要飽掠一番，以便能吃上一段時間的好飯。

對此，朱元璋很擔心，士兵們都只圖這些眼前利益。他是個很重軍紀的人，他為自己軍中一些未直接管轄的部隊犯忌而生氣，於是派人組成了糾緝隊在街頭巡邏，城中秩序才漸歸平靜。他朗聲向部隊解釋說：「我們這支隊伍要成大事，不圖眼前的這點小利。前面就是太平城，那才是個富庶的去處，兄弟們到那裡去，一起去大開眼界吧！」經過這一鼓動，將士們的抱怨才算消退。接著便是犒賞軍隊，好豬好牛好米飯，飽餐一頓。

經過這一風波，朱元璋擔心在太平城中再起波瀾，便從採石城出發前即命掌書記李善長緊急起草了《戒緝軍士榜》，意在約束軍隊，防止擾民。果然，在太平城，戰鬥剛一結束，士兵們剛準備動手搶掠、大發橫財的時候，卻見城中的大街小巷貼滿了榜文，上面赫然寫道：「敢有搶掠財物、殺害百姓者，殺無赦。」

朱元璋就是這樣重視自己的隊伍在民眾眼中的形象，他所起草的榜，很有作用，混亂的局面立刻變得井然有序。在戰事結束後，朱元璋論功行賞，軍士們都有一份。朱元璋的高明做法，既得到了人心，也穩住了軍心。

朱元璋在得民心後，根據地得到了很好的鞏固，他又在鞏固擴大江南根據地的同時，再讓自己的新政深入人心。他在占據應天後，並沒有沉浸在勝利的喜悅中，沒讓勝利沖昏頭腦，而是對自己的每一步路都有清醒的認識。他深懂人心，只要有人，就算是「地狹人少」，他依然重視。

他訓誡說：「我自起兵以來，從未隨意殺掠。今爾等帶兵出征，望能體察我的心意，嚴格約束士卒。城破之日，不得妄行殺掠。有違軍令者，軍法處治。倘再縱容，定當嚴懲不貸！」諸將戰戰兢兢，奉命而去，很快就攻下鎮江。入城後果然紀律嚴明，秋毫無犯。

這種情況迅速傳到其他地方，各地民眾都稱頌朱元璋的軍隊是仁義之師，這給朱元璋經營江南帶來很大的便利。攻占鎮江後，徐達又分兵占領了金壇、丹陽等縣，面向張士誠占領區構築了一道防線。

朱元璋知道得人心就是自己的靠山，利用人心可以增強後備儲力，是自己威力無形的延伸。對邊界問題，朱元璋要求「睦鄰守國，保境息民」。在攻克江浦時，朱元璋樹起「奉天都、統中華」的金牌，他親自出征，以便更能激發起人們心中的鬥志。而此時敵軍人心本已浮動，見救援無望，有些軍官便聯合起來，開門投降。

順利進入婺州後，朱元璋在那裡設立軍政機構。接著，又分兵四出，占領了婺州周圍地區。朱元璋還派人到慶元路（今浙江寧波），招降控制浙江沿海地區的割據首領方國珍。方國珍見朱元璋勢力強盛，知道自己不是對手，又想藉為聲援，便遣使進獻禮物，表示歸附。到龍鳳五年（西元一三五九年）下半年，衢州、處州等地也落入朱元璋手裡，元軍在浙東的據點都被拔掉。朱元璋經略東南的戰略決策，獲得圓滿成功。

樂於採納建議的朱元璋，為了倡仁義，收人心，在根據地的建設上採取了一系列贏得民心的措施。首先，在政治上，朱元璋所行的仁義首先體現在廢除元朝苛政，減輕刑罰，寬減稅役上。龍鳳二年（西元一三五六年）十二月，朱元璋下令釋放應天府所轄監獄裡的所有輕重罪犯，規定當月二十日拂曉之前，所有觸犯刑律的官吏軍民，一律免罪釋放，並要求執行官吏不得復言其事，如藉口拖延，要以罪論處。

到了龍鳳四年三月，又派提刑按察司合事分巡郡縣，詢察案犯的罪狀，規定原來判處笞刑的釋放，判處杖刑的減半處刑，重罪囚犯處以杖七十的刑罰，貪汙受贓的不再追徵贓物；司法官吏沒有按規定期限處理刑事案件的，重者從輕處分，輕者免予處分；武將出征犯有過失的，也都予以赦免。

也就在這一年，對朱元璋這一規定，當時也有官員想不通，認為：「去年釋罪囚今年又從未減，用法太寬則人不懼法，法縱無以為治。」朱元璋的回答則是：「自兵亂以來，百姓初離創殘，今歸於我，正當撫綏之。況其間有一時誤犯者，寧可盡法乎？大抵治獄，以寬厚為本，少失寬厚則流人苛刻矣。所謂治新國用輕典，刑得其當，則民自無冤抑。若執而不通，非合時宜也。」

在經濟上，朱元璋設法減輕人民的賦役負擔。龍鳳三年（西元一三五七年），他親征婺州時路經徽州，曾召見當地儒士唐仲實、姚璉二人詢問民事得失。唐仲實反映當地守將鄧愈役民築城，百姓頗有怨氣，他立即下令鄧愈停工。唐仲實說話間又婉轉地反映「民雖得其所歸而未遂生息」的情況，意即百姓負擔過重。朱元璋即坦率地承認：「此言是也。」並做出解釋，說：「我積少而費多，取給於民，甚非得已，然皆為軍需所用，未嘗以一毫奉己。」「民之勞苦，恒思所以休息之，易嘗忘也。」顯示了愧意。

到了龍鳳四年，他下令在徽州實行土地經理，令民自實田。龍鳳九年（西元一三六三年）又在徽州落實「民自實田」之策，並要求防止官吏橫斂百姓。民自實田而定科徭的結果，使過去地主隱瞞土地向農民轉嫁負擔的現象大為減少。後來，當朱元璋把農業生產抓了上去，軍隊的屯田取得一定成績，他又著手減輕各種賦稅和徭役，廢除新歸附地區的舊政，對新歸附區的所有稅賦和徭役實施「盡行蠲免三年」的政策。

做到此，朱元璋還覺得不夠，於是進行了免租和賑災活動。他「斟酌元制，去其弊政」，改變「貧者越貧，富者越富」的不平等現象，他還實行「給民戶田」的政策。朱元璋沒有忽視人民，而且懂得愛護民眾才是最大的政治，他任用當地德高望重的人做官，對當地的眾人來說就是一件大喜事。

在獲取人心的過程中，能夠獲得賢才是極其重要的。朱元璋對學有所長、術有專攻的人大力用之，而眾賢才也佐助朱元璋添補了必要的知識，增長了智慧，也長了不少才幹。朱元璋這一時期明顯深沉練達，逐漸成熟，與這些人的輔佐甚有關係。

朱元璋能夠自覺地同讀書人交往，一方面是在積極主動地彌補各種文化知識，結合軍事政治鬥爭的實踐，瞭解先輩們累積的各種經驗；另一方面也是在緩和與各地士大夫的矛盾，消融他們的敵意，團結他們一同做事。

舊時代的讀書人往往是一個宗族、一個地域的核心人物。一名有影響的儒士，就是這方水土的一面旗幟，具有一種凝聚力、親和力、號召力，用他們來管理當地民眾，的確是最合適的。

古人說，得人心而後得天下。得人心，才能有堅實的依靠，才能創造「人和」的良好態勢，有利於平定天下。《孟子．公孫丑下》有這麼一段論人心的話值得後來的人深思：「域民不以封疆之界，固國不以山溪之險，威天下不以兵革之利。得道者多助，失道者寡助。寡助之至，親戚釁之；多助之至，天下順之。以天下之所順，攻親戚之所釁，故君子有不戰，戰必勝矣。」

如果你是一位手下帶著一幫人的主管，前人對「眾人」這種靠山作用的論斷你不能不察。

以德報怨，贏得忠心

《詩經．衛風》中有云：「投我以木桃，報之以瓊瑤。」就是說，你對我好，我對你更好。普通的朋友之間尚且如此，倘若胸懷寬廣，對自己的敵人也能「投以木桃」，那他一定感激涕零，敬你為恩人一般。

有人認為「寬恕是一種比較文明的責罰」。有權力責罰，卻沒有責罰；有能力報復，卻不去報復，這就是一種寬恕，也是一種能夠掌管他人的法寶。寬容待人、以德報怨的同時，敵人也就自然與你拉近了距離，成為你可以依靠的人了。

戰國時期，楚莊王親自統率大軍出外討伐，結果大獲全勝。當班師回京城郢都之時，百姓夾道歡迎，盛況空前。

為了慶祝赫赫戰功，楚莊王在漸台宴請群臣，文武百官談笑風生，喜形於色。楚莊王舉杯祝賀，並召集嬪妃和群臣同席暢飲。此時，漸台上鐘鼓齊鳴，歌舞昇平，人們猜拳行令，興致極高，不知不覺中日落西山。可是楚莊王及群臣仍然興猶未盡，遂命點起蠟燭夜宴，又命寵妃許姬斟酒助興。

正酣暢時，忽然刮來一陣大風，蠟燭都被吹滅了。黑暗中，一個人趁著酒興，竟然拉住了許姬的衣袖。許姬十分惱怒，又不便聲張，掙扎之中衣袖被撕破。直到她機警地扯斷了那人帽子上的纓帶，那人才驚慌地溜掉。許姬走到楚莊王跟前，附耳稟報了實情，並請楚莊王嚴加查辦那個色膽包天之人。

楚莊王聽罷，沉吟片刻，吩咐左右先不要點燈，然後命令眾人解開纓帶，摘下帽子，盡情暢飲。群臣聞言，紛紛解開纓帶，摘下帽子，這時楚莊王才命人掌燈點燭。在燭光之下，只見群臣絕纓飲酒，已無法辨認誰的纓帶被扯斷了。楚莊王就像沒有發生這件事一樣，與眾人痛飲至深夜方散。自此以後，楚莊王再也沒有提起此事。

真是難得的大度，十足的人情味。數年後，楚軍與晉軍交戰，楚軍處劣勢。突然，一位將士衝向敵陣，使戰爭轉敗為勝。這位將士就是當年調戲楚莊王愛姬的那人。楚莊王當年是「經路窄處，留一步與人行」，以其寬厚大度的做法贏得了對方的尊重，成為他在戰場上可以信賴的靠山。

唐朝的李靖，曾任隋煬帝的郡丞，最早發現李淵有圖謀天下之意，親自向隋煬帝檢舉揭發。李淵滅隋後要殺李靖，李世民反對報復，再三請求保他一命。後來，李靖馳騁疆場，征戰不疲，安邦定國，為唐王朝立下赫赫戰功；魏徵曾鼓動太子李建成殺掉李世民，李世民同樣不計舊怨，量才重用，使魏徵覺得「喜逢知己之主，竭其力用」，也為唐王朝立下了豐功。李世民能夠成為一代明君，創立盛唐的繁榮局面，和他不計前嫌、惟才是舉有著直接的關係。

對於昔日的敵人，打擊報復只能為自己埋下更多的怨恨，樹立更多的敵人；如果量才重用，給敵人以平等的待遇，不但能夠感化敵人，為我所用，更能夠樹立自己的威望，得到更多人的尊敬和擁戴，從而有利於鞏固自己的政權，最終成就一番功業。

武則天作為中國歷史上唯一的女皇，其心術權謀，手段殘忍，真是令人髮指，但她惜才，愛才，對於有能力輔佐她的人，她不惜以德報怨，感化自己的敵人，並使之成為她的「心腹」。

上官婉兒，是李唐時期五言詩「上官體」的鼻祖上官儀的孫女。上官儀是唐初重臣，曾一度官任宰相，參與高宗的廢后行動後被武則天發覺，上官儀與其子被斬，上官婉兒與母則為宮婢。婉兒十四歲那年，太子李賢與大臣裴炎、駱賓王等策劃倒武政變，婉兒為了報仇也積極參與。但事情敗露，太子被廢，裴炎被斬，駱賓王死裡逃生，但上官婉兒則為武則天所赦。

上官婉兒十四歲時曾作了一首《彩書怨》的詩，被武則天無意中發現。武則天不相信這麼好的詩會出自一位女孩之手，便以室內剪綵花為題，讓她即興做出一首五律來，同時要用《彩書怨》同樣的韻。

婉兒略加凝思，很快就寫出：「密葉因裁吐，新花逐剪舒。攀條雖不謬，摘蕊詎知虛。春至由來發，秋還未肯疏。借問桃將李，相亂欲何如？」武則天看後，連聲稱好，並誇她是一位才女。但對「借問桃將李，相亂欲何如」裝作不解，問婉兒是什麼意思。婉兒答道：「是在說假的花，以假亂真。」

「妳是不是在有意含沙射影？」武則天突然問道。

婉兒十分鎮靜地回答：「陛下，奴婢聽說詩是沒有一定的解釋的，要看解釋的人的心境如何。陛下如果說奴婢在含沙射影，奴婢也不敢狡辯。」

「答得好！」武則天不但沒生氣，還微笑著說：「我喜歡妳這個倔強的性格。」接著她又問婉兒：「我殺了妳祖父，也殺了妳父親，妳對我應有不共戴天之仇吧？」

婉兒依舊平靜地說：「如果陛下以為是，奴婢也不敢說不是。」武則天又誇她答得好，還表示正期待著這樣的回答。接著，武則天讚揚了她祖父上官儀的文才，指出了上官儀起草廢后詔書的罪惡，期望婉兒能夠理解她、效忠她！

然而，婉兒不但沒有效忠武則天，出於為家人報仇的目的，又參與了政變。司法大臣提出按律「應處以絞刑」；若念其年幼，也可施以流刑，即發配嶺南充軍。而武則天則認為：據其罪行，應判絞刑，但念她才十幾歲，若再受些教育，是可以變好的。所以，不宜處死。而發配嶺南，山高路遠，又環境惡劣，對一個少女來說，也等於要了她的命。所以，也太重些。尤其是她很有天資，若用心培養，一定會成為非常出色的人才。

鑑此，武則天決定對婉兒處以黥刑，即在她的額上刺一朵梅花，把朱砂塗進去。並把婉兒留在自己身邊，「用我的力量來感化她」。武則天還表示：如果我連一個十幾歲的女孩子都不能感化，又怎麼能夠「以道德感化天下」呢？

武則天確實把婉兒感化了。該殺而不殺，反而留在自己身邊，這已使婉兒感激涕零。此後，武則天又一直對婉兒悉心指導，從多方面去感化她、培養她、重用她。婉兒從武則天的言行舉止中，瞭解了她的治國天才、博大胸懷和用人藝術，對她澈底消除了積怨和誤解，代之以敬佩、尊重和愛戴，並以其聰明才智，替她分憂解難，為她盡心盡力，成了她最得力的心腹人物。

以德報怨，常常能夠以很小的代價換來敵人的信賴，並忠心耿耿地甘願為你付出，成為你可以依靠的人。

要有容人的肚量

作為一個優秀的領導者，不僅要有愛才之心、用才之膽，還要有容才的氣量。容才的氣量如何，直接關係到聚才的多寡與優劣。有了容才的氣量，就能將工作中富有開拓精神的人才選拔出來。在生活中，有才能的人往往善於獨立思考，個性較強，愛提意見，有時可能不講方式，作為領導者就要胸襟開闊，氣量如海，善納「百川」，聽得了不同意見，這樣就會人才濟濟，言路暢通，事業發展。

《三國演義》中有個「擊鼓罵曹」的故事，說的是一個叫禰衡的人，此人是東漢末年第一流的人才。當時曹操和禰衡兩人較勁的起因其實很簡單。曹操請禰衡，實際想讓他做個「軍務祕書長」，動機很好。但請人家來卻不請人家坐，就傷害了禰衡。接著禰衡就挖苦曹操手下無能人，並自誇才能。

曹操大權在握，就要禰衡給他擊鼓，以此羞辱禰衡，禰衡也不拒絕。按說擊鼓應當換新衣，按規定儀式進行，但禰衡卻穿破衣爛衫。儘管這樣，禰衡到底是出了名的才子，他擊了一曲，讓在座的人都感動得直掉淚。曹操手下的人堅持要禰衡換衣，禰衡乾脆裸體擊鼓，以此辱罵曹操是國賊。

此時，堂下一片喊殺聲，但曹操卻異常地冷靜，他不但容忍了禰衡的無禮，還給禰衡派了一個差使，讓他去勸說荊州劉表前來投降，並派他手下重要謀士給禰衡送行。這一系列的事情曹操都做得相當好。現在看來，曹操面對禰衡放肆的羞辱，為了顧全大局，把所有氣都嚥下去了，也確實表現了宰相肚裡能撐船的雅量，很值得每一個領導者效仿。

作為二十一世紀的領導者，必須像曹操那樣做一個有涵養的人，要有寬廣的心胸，善於求同存異，虛心聽取不同的意見和建議，不要總是對一些雞毛蒜皮的小事斤斤計較，更不要對一些陳年舊帳念念不忘。古語說：「宰相肚裡能撐船。」對於領導者來說，恐怕肚子裡要能開火車才行。

為了公司的利益，領導者有時的確需要委屈一下自己，設身處地瞭解對方的心理和觀念，以「君子之心」度「小人之腹」。也許有時候，下屬當著眾人頂撞了你，或故意侮辱了你，你該怎麼辦？是利用自己的權威，尋對方一個不是？還是另找個時間，約他到咖啡館聊聊天、談談心，彼此溝通溝通，化解一下矛盾呢？

如果下屬的一句話使你臉面無光，自尊心大受損傷，你就立即氣沖牛斗，好像黑旋風李逵一樣生起氣來怒不可遏，豈不更丟你堂堂領導者的面子？何況「以德報怨」與「以怨報怨」所收到的效果是絕然不同的。

過於激烈的宣洩方法只能使你得到一時快意，但後果你又想過多少呢？如果你認為自己是對方的上級，沒有必要彎下腰來，屈尊與下屬溝通感情，或根本看不起對方，不屑於與對方談談心，那麼，你就是一個失職的領導者，或者說是一個失敗的領導者。因為這樣的話，對方也不會真心實意為你賺錢，別忘了，畢竟你的宗旨是利用對方填充你的腰包。

另外，在對方火冒三丈時，你也不妨暫時進行「冷卻」處理，這也是容人的一種方法。許多古訓如：「得饒人處且饒人」、「寬以待人，嚴以律己」等，都是指站在他人的立場，設身處地為他人著想。現在，儘管社會變遷，時代不同了，這些至理名言仍然有其應有的價值。

如果你身為上司，當你絞盡腦汁、用心良苦地教導下屬工作時，對方明顯表示出反抗的態度，你是否常常氣得想整他一頓？對方如果沒有接納的心理，此舉只有使對方更加反感罷了。對方有接納的雅量最好，否則不妨略微改變一下說辭。但是，情形如果嚴重到彼此爭執不休時，應如何是好？

一般而言，當人們發生爭執時，由於滿腔憤怒，往往出言不遜，爭得面紅耳赤。例如，一名下屬受到你的責罵時，心裡可能不斷嘀咕：「這麼小的過錯，犯不著囉唆個不停嘛，幹麼大驚小怪！」甚至為了避免自尊心受到傷害，他會想方設法自圓其說。如此一來，再多說什麼也是無益的。

由於人類本身固有的劣根性，掩飾自己的過錯是最順理成章的做法。人們一般都不願意承認自己的過失。所以恐怕很多人會在犯錯而受到指責時，不承認自己的錯誤。在這種情況下，處理的方法便只有採取「冷卻」療法，先放它一段時間再說。

以主管的個人利益而言，如果下屬犯了過錯，並陷入上面所說的狀態時，務必先消去他的怨氣，並設法讓他由激動的狀態平靜下來，進入反省期間。任何悲傷或痛苦都會隨著時間的消逝而消逝，所以只要時間一過，以往的反感便會淡化，如此便能冷靜地與人談話了。

「冷卻」不僅可消除不滿的情緒，也可形成接受指導的氣氛。因此領導者在管理下屬時，切勿忽略此手段的妙用。

此外，對於領導者來說，管理的目的在於「和諧」。使人盡其才，物盡其用。「和諧」也是核心。如果內部不和諧，國王的宮殿也會變成農人的茅舍。沒有和諧的原則，就沒有知識的組織。

美國的威廉．詹姆士說過：「人性中最深刻的原則是渴望受別人稱讚。」上對下，下對上；內對外，外對內；稱讚第一，才能和諧第一。

缺乏和諧是造成領導者經營公司失敗的第一要素。俗話講，人無完人。領導者要學會有意識地原諒下級所犯的過錯，激勵他們繼續進取，使其不致因過失或錯誤而喪氣灰心，卻步不前，能將其轉化為更強烈的動力，最大限度地發揮出他們的聰明才智。

美國某公司一位高層主管，由於工作嚴重失誤給公司造成了一千萬美元的巨額損失。為此，這位主管心裡非常緊張。第二天，董事長把這位主管叫到辦公室，通知他調任同等重要的新職。「為什麼沒有把我開除或降職？」這位主管非常驚訝地問。董事長回答說：「若是那樣做，豈不是在你身上白花一千萬美元的學費？」這出人意料的一句激勵話，使這位高層主管從心裡產生了巨大動力。董事長的出發點是：「如果給他繼續工作的機會，他的進取心和才智有可能超過未受過挫折的常人。」後來，這位高層主管果然以驚人的毅力和智慧，為該公司做出了顯著的貢獻。

人有所長，必有所短，「全才」是沒有的。對那些有缺點或犯過錯誤的人才，企業的領導人士更要有容人的度量和提拔人的膽量。

以心換心，尋求別人支持

敬人者，人皆敬之；愛人者，人皆愛之。只要以一顆真誠的心去面對別人，就能夠得到對方同樣的回報，為自己增加一個可以同甘苦、謀事業的堅強靠山。做大事、成大功的人，也都是以心換心，才得到了無數人的支持，並依靠他們的力量，取得了事業的成功。

正所謂「得其民者得其國」，同仁的力量不可小視。幫助了他們，他們就會對你感恩，成為你人生的靠山。

三國時，劉備為了避免與曹操十萬大軍交戰，便棄樊城，帶領百姓向江陵進發，在當陽長阪坡與曹操的追兵展開血戰，趙雲為救劉備妻兒單槍匹馬，突出重圍，歷盡艱險，終於來到了劉備的面前。

當時劉備正在距離長阪橋二十餘里的地方和眾人在樹下休息，趙雲看到劉備便立即下馬「伏地而泣」，而「玄德亦泣」。趙雲不顧自己的疲憊，氣喘吁吁地對劉備說：「趙雲之罪，萬死猶輕！糜夫人身帶重傷，不肯上馬，投井而死，雲只得推土牆掩之，懷抱公子，身突重圍，賴主公洪福，幸而脫險。」說著，想起來懷中的公子剛剛還在哭，現在怎麼沒了動靜，便急忙解開來看，原來阿斗正睡著還沒有醒，於是趙雲欣喜地說：「幸得公子無恙！」便雙手遞給劉備。劉備接過孩子，扔在地上說：「為汝這孺子，幾損我一員大將！」趙雲看到劉備如此，連忙從地上抱起阿斗，泣對劉備說：「雲雖肝腦塗地，不能報也！」

雖然人們對劉備擲阿斗一事歷來頗有爭議，無論是劉備故意作態給別人看，以籠絡周圍將士的心，還是他真的愛將勝於愛子，但阿斗的確是趙雲從地上抱起來的，這在一定程度上也表明了劉備當時是輕父子情，重君臣心的。他對趙雲的感激憐愛之心溢於言表，趙雲也由此更加堅定了為劉備效力的決心。正是劉備對於將士有著感恩之情，他的周圍才聚集了趙雲、張飛、關羽、諸葛孔明這些才華橫溢的傑出人才，成為他振興大業的有力依靠。

同時，劉備還懂得安撫民心，實施「仁政」。劉備在與川軍的鬥爭中，樹起免死旗，收降川兵，又諭眾降兵：「願降者充軍，不願者放回。」實行優待俘虜的政策。這樣一來反而使得人心向之，川軍不戰而潰。當軍隊進入成都時，百姓「香花燈燭，迎門而接」。正是因為劉備對百姓施行了仁政，才得到了百姓的擁護和將士的愛戴，從而順利地占領了成都。

劉備最終之所以能夠三分天下，擁有自己的一席之地，其中，重要原因就在於他以一顆仁義之心換得了別人對他的支持與感恩，使他得以依靠別人的力量而成就自己的事業。

不僅在古代社會如此，在我們當今的社會裡，「我為人人，人人為我」，「人與人相互支撐」也是社會生活以及人與人間關係的法則。

美國社會心理學家布羅尼克認為，一個人走向成功，必須通過六道關口。在二十多歲至三十歲是第二道關口——脫穎而出。這期間，多數人投入可觀的時間，動腦筋鑽研業務，和別人比高低，希望能得到好聲譽。

然而，有些人為了使自己凸顯出來，會經常地批評別人，貶低別人，對別人不信任；稱讚自己，把功勞歸於自己。這樣，他們就很難得到別人的合作。甚至不得不與其他人處於對抗之中，也就失去了在群體中的地位。這些人往往得不到別人的信任和好感，難於與他人合作，因此，得不到上司的賞識、同事的接納和合作，常常失去晉升的機會，這樣的人也難於獲得成功。

美國鋼鐵大王卡耐基的成功之道，也在於他能夠通曉人性，他總是勸說一個企圖成功的人「要學會微笑」。只有對別人真心感興趣，才會得到更多的支持。人常說「和氣生財」，只有以一種很誠懇的態度去對待別人，你才能夠緊緊抓住同仁的力量，讓他們心甘情願地與你共同做事，幫助你走向成功。

所以，很多成功者都得出這樣一個結論：一個想做大事的人，或者一個想做群體事業的人，或者一個想做領導的人，他最需要的才華不是他的業務能力，而是他「迎合人」的本領。美國商界年薪超過一百萬美金的人並不算多，但查理斯．史考伯是其中之一。他曾被卡耐基聘為總裁，他這樣談過他被器重的祕訣：

「我得到這個位置，主要是因為我跟人相處的本領。我認為，我有能夠使員工鼓舞起來的能力，這是我擁有的最大資產。而使員工發揮最大能力的辦法，就是讚賞和鼓勵他們。再也沒有比上司的批評更能抹殺一個人的雄心了。我從來不批評任何人，我贊成鼓勵別人工作……而討厭挑錯。

我在世界各地見過很多大人物，不過還沒發現任何人——不論他多麼偉大，地位多麼崇高——不是在被贊許的情況下，是在被批評的情況下工作得更賣力、成績更佳的。」

要想成功，你必須在肯定對方能力和品格的前提下，緊緊抓住你的合作者和你的下屬，尤其是在事業最關鍵的時刻。在任何情況下，當人們對你有好感時，就會大力支持你，在你所做的一切上面給你一個道德上的、應得的好處。這樣不表示你要變得很虛偽，相反地，你要用你的正直和仁慈去面對你的同仁，讓他們在對你感恩的同時，激發自己最大的能量和工作熱情，成為你事業和人生的靠山。

以心換心，只有幫助別人，善於與別人共事，才能得到對方相應的付出，同時也獲得了自我人格的提升，得到無數人的信賴與支援，成為你可以依靠的對象。

心戰為上，兵戰為下

三國時期，魏國從北方對蜀國發動全面攻擊，與此同時，孟獲率領的蠻邦不斷騷擾南方。作為丞相的諸葛亮要防衛北方的魏國，就必須先解決南方的威脅。於是，他揮軍南下，去解決南方的危機。

諸葛亮認為：「最好的辦法是攻占人心，而非城池：心戰為上，兵戰為下。贏得人心是最關鍵的。」

在交戰中，諸葛亮設下陷阱，擄獲了孟獲大部分的軍隊，孟獲本人也被俘虜。然而諸葛亮沒有懲罰或處死他們，而是以食物和美酒款待，蠻兵眼含熱淚，感謝諸葛亮對他們的恩惠。

諸葛亮對孟獲說：「如果我放了你，你會怎麼做？」

蠻王回答：「我會再度召集軍隊，與你決一死戰，如果你再度俘獲我，我就會臣服。」於是諸葛亮就將孟獲放了。

孟獲果如其言，再度攻擊。但是其部下受到諸葛亮的善待，反戈一擊，把他綁住交給諸葛亮。諸葛亮再度詢問孟獲相同的問題，孟獲回答：「我不是在公平決戰下被打敗的，而是因為手下背叛，所以我會與你再決勝負，如果第三次被抓，我就會臣服。」於是，諸葛亮又把他放了。

接下來的幾個月，諸葛亮一而再、再而三地智取孟獲，但是每一次孟獲都有藉口：誤中詭計或是運氣不好等等。

第六次被擒後，孟獲主動說：「如果你第七次擄獲我，我會傾心歸服，永不反叛。」諸葛亮表示：「如果我再擒住你，我就不會釋放你了。」

孟獲第七次又被擒住了，在這場殺戮之後，諸葛亮不忍再面對他的俘虜，他派遣使者告訴孟獲：「丞相特令我來釋放你，如果你辦得到，再去動員一支軍隊來決戰，看你能否擊敗丞相。」

孟獲垂淚不止，跪倒在地，終於臣服了。

諸葛亮設宴禮遇孟獲，重新讓他登上王位，將征服的土地全部歸還，然後帶領軍隊返營，沒有留下任何駐軍，南方的威脅終於解除了。

真正聰明的人會作長遠的打算，長時間的征服會激起被征服者的厭惡乃至仇恨，最終的結果是他們將奮起反抗，這種征服只能帶來潛在的危險。真正懂得進退規則的人會「攻占人心」，讓人信服，信服的對手就是潛在的同盟。

用心籌劃並且迎合對方的情緒波動和心理特點，慎用征服，因為那樣只會激發對方的不滿和不悅。對於每個人來說，心才是主宰，會時刻影響情緒，溫情勝於嚴酷，深入人心的信服勝於強力加身的征服。一旦在心理上控制了對方，他就會成為你忠誠不貳的盟友。

信服能轉化為長期的支持；征服帶來的則是暫時的順從。與其操縱了無生氣的傀儡，不如讓針鋒相對的人信服你，心甘情願為你的計畫效力。關鍵是要找出與對方溝通的鑰匙，打開他們的心胸，讓他們對你的一切都心悅誠服。

多考慮員工的利益

要在事業上取得成功，單槍匹馬是很難有成功機會的。凡是事業成功的人，他們都有一群為他們服務的好搭檔，這一群搭檔就是他們成功的很大因素。

說來你不會相信，一個企業家能夠成功的祕密只有一個，就是：他們是否能夠跟他的搭檔——員工們相處得好？

要跟員工們相處得好，要建立良好的賓主關係，首先要採取「水漲船高」的辦法，即要消除老闆和員工之間的界限，視員工們為自己事業的合夥人。

通常人們是不會把員工稱為合夥人的。可是仔細想想，他們不是合夥人又是什麼呢？一個人經營一種事業，覺得自己精力和時間耗費太多，不夠工作上的需求，於是他請來助手為他分擔這事業的經營企劃。一個人不能以個人的力量做太多的工作，於是請旁人來幫忙，這幫忙他的人，不是合夥人是什麼？

既然是合夥人，老闆和員工之間是絕對平等的。當老闆的，隨時可換用員工；做員工的，也隨時可以換個老闆。老闆有的是錢，員工有的是本領。老闆用錢去換取員工的本領和勞力，員工則用他的本領和努力去換老闆的錢，彼此是互為因果的。所以身為老闆，千萬別大聲咆哮地說：「哼，到底你是老闆還是我是老闆？」要是你的員工反脣相譏，幽默地說：「你是老闆，我也是老闆，你求我的力，我要你的錢。你這個老闆可以不用請我，我這老闆也可以不為你賣氣力！」相信你一定會下不了台的。

既然我們明白了賓主間是處於平等互惠的地位，要保持賓主間的良好關係，一定要做到下列幾點：

1 不隨意責罵員工

正如我們不能隨便責罵一個朋友一樣。做老闆的只是僱請人來幫忙，我們一定要記住「僱請」這一個「請」字，其包括謙遜和客氣雙重意思。

當然是我們自己。

2 不要把錢看成是萬能的

也不要視自己是至高無上的。如果我們不尊重員工，他們採取起「甘地主義」來，受害的是誰呢？當然是我們自己。

3 應該與員工為友，建立起良好的友誼

時時刻刻地想著：「怎樣去改善員工的待遇呢？」千萬不要老是有個壞念頭：「怎樣設法減少一些工資呢？」我們要明白，如果員工一旦少拿了工資，他的工作能力就成正比地削弱了，受影響的是我們自己的事業。

一個真正的企業家，他總是誠心誠意地為他的員工們打算：如何提高待遇，使他們安心工作，如何設立各種獎金，使他們更積極地發揮才幹……

這些都已成為工商業管理專家的重要課題。因為企業家如果不重視員工們的福利，不為他們的生活和出路設想，員工們就會不安於工作了，當然，也絕不會為這個機構貢獻出他們在工作中所深深體會到的，切實可行的改革方法。這樣，企業就會「原地踏步」，無法前進了。

某個企業一發生「原地踏步」的現象，其他的同業就紛紛地從側邊超過它，向前奔馳，遠遠地把那個「原地踏步」的企業拋在後面了！結果呢？損失的還是那些不顧員工福利的企業機構！在商業上，這是個極嚴重的問題。不少企業家都發現這個癥結，亟謀改善了。只有那些只看自己而看不到別人的企業家，才會忽視員工利益。

再說，大部分員工都參加了工會組織，即使沒有入會，至少會跟同行的員工有所接觸。他們一旦離開了某個機構，就會透露出這個機構對員工的態度，忽視員工利益等等事實，使得其他的員工望而卻

步。於是，這機構的員工越來越少，結果，損失的仍是老闆自己。

知道嗎？亨利．福特的汽車工廠業務為什麼會越來越興旺呢？最主要的原因是：它把員工的利益看成是自己的利益，把員工的損失，看成是自己的損失。亨利．福特汽車工廠不是沒有經歷過市場風險的，但它總是安然度過，依然屹立，這是什麼原因呢？

最重要的原因是——它的員工們在這個風險襲來的時候，表現了堅強的同心力量，他們不能讓這個跟自己息息相關的機構就此倒下，他們全心支持著！

這是個簡單的道理，假如福特汽車廠平日對員工們刻薄寡恩，使自己的員工產生了離心力，當這些狂風暴浪襲來時，它根本就無法支持得住，早就被擺平了。

所以，要使自己的事業宏圖大展，必定要好好地對待我們的好搭檔：

1 愛我們的員工

因為我們是彼此血肉相連的，千萬別以為有錢能使鬼推磨，就對下屬頤指氣使。不然的話，吃到苦果的一定是我們自己。

2 調整員工的薪資，使他們能夠安心地做事

如果員工們的薪資無法維持他們的生活時，就無心工作了。另外，訂出獎勵的辦法，使員工們隨時提供改進工作的意見，這樣對企業是十分有益的！

做個以人為本的企業家

成功的商人或企業家都十分懂得關心員工、愛護員工、鼓勵員工的創造精神。他們清楚地意識到，企業的經營者只有贏得全體員工的敬仰，才能帶領員工勇往直前，掃除企業潛在的障礙。

日本企業家永野重雄曾頗為感慨地說：「經營者和員工如同一輛車上的兩個輪子，其重要性及所肩負的責任是相同的。在企業內部，沒有經營者和員工之間協調一致的巧妙配合，企業這部車子就難以正常運行。一個企業的領導者，最重要的工作是把所有有能力的人組織起來，並能充分地發揮他們的長處。」

熱愛自己的員工是經營者最根本的問題。一個優秀的企業家，只有做到重視人才的開發與合理的使用，讓員工們具有充分的自信，他的事業才能穩步發展。這就是土光敏夫振興東芝的「法寶」。

在古稀之年，土光敏夫經常親臨工作現場視察，他跑遍了公司在全日本的工廠，即使在假日也要到所有工廠去轉一轉。他平易近人，能與所有的員工傾心交談，打成一片，因此他和公司裡的員工建立了深厚的感情。

一次，在前往姬路工廠的途中遇上了傾盆大雨，但他堅持趕到工廠，並在雨中和員工親切交談，並反復闡述「人是最寶貴的財富」。員工們認真傾聽他的每一句話，激動的淚水和著雨水在他們的臉上流淌。此情此景，震撼人心。

當他將要乘車離去時，員工們將他的車團團圍住，敲著他的車窗高聲喊道：「社長，您放心吧，我們一定努力工作！」面對這些工人，土光敏夫熱淚盈眶。他被這些為自己的企業而拼搏的員工深深打動，從而更加愛護員工、關心員工。

松下幸之助的經營哲學也是愛護員工、關心員工，心裡時刻想著員工。他認為「人是事業的根本」這句話是管理的經典。任何經營者，在有了能夠盡職盡責的人以後，成功就成為舉手可得的事了。他這樣寫道：「組織和手段在經營中固然重要，但這所有的一切都是靠人來實現的。不管有多麼完善的組織，有多麼先進的技術，如果沒有使之發生效力的人，就不能完成企業使命。說到底一個企業要想對社會作出貢獻，讓自己昌盛地發展下去，其關鍵在於愛護你企業中的每一個人。」

松下幸之助經常對人說，在與對手談判時，也有想放棄的時候，但當他的心裡想到滿身油汙、努力工作著的年輕員工們的時候，他的心裡就有一個聲音在喊：「我要對他們負責！」

有一次，他遇上了一個非常會討價還價的對手，當他想在不虧本的情況下成交時，腦海裡立刻浮現出滿身油汗的員工，他想：「我這一點頭，怎麼能對得起這些拚命工作的員工。」於是，他便將自己的這一想法告訴了對方，對方注視著他，好像是從他的臉上讀懂了這種情感，微笑著說：「堅持你出的價格的理由有很多，但你講的這個理由把我說服了。就按你說的價格，我們成交了。」

日本索尼公司前總裁盛田昭夫在他的《MADE IN JAPAN》一書中也曾這樣講過：「所有成功的日本公司的成功之道和它祕不傳人的法寶，既不是什麼理論，也不是什麼計畫和政策，靠的是人。確切地說是『愛人』。只有『愛人』才能使你的企業走向成功。日本經理最重要的工作就是發展與員工之間的那種微妙的關係，和員工建立一種情感，把公司建成一個充滿感情充滿愛的大家庭。」

以人為本，對於任何一個企業管理者來說，都是成功的關鍵所在。人與人之間需要以誠相待，老闆和部下要心心相印。

在日本人的觀念中，公司就是一個大家庭，總裁就是員工的衣食父母，員工就是他們聽話的孩童。在西方國家，一個人調換幾次工作的情況是司空見慣的事，日本人通常情況下始終如一地服務於一個公司。日本公司的老闆要求他的員工熱愛他們的公司，永遠忠於它，把對金錢、物質的追求放在次要的位置，並要求每個員工具有無私的犧牲精神，忠誠不二地為公司工作。

在日本，公司領導者被看成是本公司員工的衣食父母這一事實，不管是對整個公司還是對員工本人來說，都是非常有利的。即便是在領導者退休以後，他仍可以作為公司員工的長者對公司產生一定的影響，行使一定的權力，而公司則因此獲得政策上的相對穩定。事實上，許多這類老闆的提前退休，是為了從日常的瑣事中解放出來，以便他們將全部精力用於公司長遠發展的規畫。

在日本，許多商業巨頭都是集企業家和哲學家於一身的。他們的思想、品格對公司產生著巨大的影響。他們公司的品質帶有他們個人強烈的個性特徵。

最具代表性的是出光興產這家石油公司的締造者出光佐三，他公開宣稱，他的集團就是一個家庭，既有專制的獨裁又有體恤員工的人道，並以此作為動力推動著公司向前發展。

一九六二年，年屆七十七歲的出光佐三發表了一篇聲明，對日本的家長式經營管理原則作了最好的闡釋。在聲明中，他做出了這樣的結論：「今天的世界正進入令人不安的政治混亂和經濟混亂的狀態中。今後我們應該從唯物主義轉到超越物質的人道主義上來，轉到團隊上來，轉到其他事務上來。無論資本主義還是共產主義，個人主義還是集體主義，在這一點上是一致的。日本人民有能力最先解決這一問題，並對世界產生巨大影響。」

出光佐三認為，所謂多數人統治的原則並不是真正的民主原則，這種原則更談不上人道主義。在他眼裡，民主、自由、個人價值、公民解放，只有建立在無私的基礎上才會有意義。他把無私看作人類和平及幸福的關鍵。

站得直，走得正，才讓員工信服

儘管管理者的工作方法各不相同，但必須樹立「站得直，走得正」的形象，才能大大有利於自己凝聚力的加強。

有好名聲才有凝聚力，才能做到眾望所歸。因此，作為管理者，不能不領會「站得直，走得正」的內涵，只有顧及員工對自己品質的評價，只有在員工面前樹立一個「站得直，走得正」的形象，才能更好地立權樹威，做到取信於「民」。

公正評價每個人是令員工信服的管理者的一個共同點。為了評價員工，他們善於及時觀察和做筆記。俗話說：「好記性不如爛筆頭。」員工的表現只有通過長期的工作才能體現出來。只有長期注意記錄員工的行為，才能對他們真正有所瞭解。

在掌握這些資料之後，當你通過手頭的紀錄去表揚某些工作做得好，但又不被人注意的員工時，他會備感欣慰，從而促使他努力地把工作做得更好；如果是批評某些員工做得不好，雖然他會在短時期內情緒低落，但很快就會瞭解你公正待人的做法，同時會重新認識自己工作中的不足，變後進為先進。

管理者在管理中要做到公正無私，並非一件容易的事。譬如，在分配工作時，不分難易地要求不同的工作在同一時間內完成，這種做法是很不公平的，不但當事人對你不滿，其他人也會對你有看法。同時，如果管理者管理兩項以上的工作時，總是對自已較有經驗或較感興趣的工作表現得更為關心，那麼此時從事另一項工作的員工就會感到主管對他冷落，不看重他，由此而心生怨恨，工作缺乏動力。因此，要想成為一個受員工歡迎的管理者，就應妥善地處理好對員工的公正問題。

管理者的公正無私也表現在「論功行賞」上面。這種工作幾乎是管理者每天都要做的，受人歡迎的管理者，往往在論功行賞方面做得相當完美，能夠充分地調動員工的積極性，形成人人力爭上游的局面，給你的事業帶來無限的生機和活力。反之，如果論功行賞做得不好的話，不僅達不到刺激員工的預期效果，還會造成災難性的後果。

例如，優秀的員工在工作中做出了相當大的貢獻，但令人遺憾的是，他並沒有得到與他做出貢獻相對應的獎賞，薪水、獎金都沒有與貢獻成正比例增長。而那些並沒有做什麼實際工作的人卻得到了加薪、分紅。任何正常的人都會非常自然地感覺到管理者對他的不公平，從而產生種種抵觸心理，這種勞者不多得、使員工產生抵觸情緒的局面一經形成，你就無法依靠員工取得成就，你事業的前途命運也就非常危險了。

作為管理者，如果不能公正無私地開展工作，只注意到調動一部分人的積極性，會引起員工的不滿，這是你事業能否實現平穩發展的重要問題。如果待人失當、親疏不一，則會在不知不覺中重用了某些不該得到重用的人，而冷落了一些骨幹力量，直接影響到你事業的全局發展。

因此，要想成為一名受員工歡迎並具有凝聚力的管理者，就應該對所有的員工一視同仁，這樣，不僅積極因素可以得到充分調動，一些消極因素也會受到刺激而轉化為積極因素，這樣，深得人心的你，就能輕鬆自如地駕馭全局，很好地依靠員工了。

公正無私的管理者並非一定都受到員工的歡迎，但受到員工歡迎的管理者必定是公正無私的。無私才能無畏，當你成為一名公正無私的管理者之後，你的凝聚力會大大增強，你就可以成為一個讓員工信服的人。

另外，管理者要想增強凝聚力，還應該把「照我說的做」改為「照我做的做」。

現在有些管理者總對他的下屬這樣說：「照我說的做。」但他們不明白，這是下下之策。真正的上上之策應該是：「照我做的做」。

管理者的工作習慣和自我約束力，對員工產生著十分重要的影響作用。如果一個管理者經常無故遲到，私人電話一個接一個，工作過程中又不踏實，總是盼望著早點下班，那麼他就很難管理好他所在的部門，所有工作都會搞得一塌糊塗。

古人說：「上梁不正下梁歪。」一個管理者只有嚴格地要求自己，起帶頭表率作用，才能具有說服力，才能增強自己的凝聚力。

孔子曾經說過：「己欲立而立人，己欲達而達人。」他的意思是說，只有自己願意去做的事，你才能要求別人去做，只有自己能夠做到的事，才能要求別人也去做到。同樣，作為現代管理者也必須以身作則，用無聲的語言說服眾人，才能形成親和力，才能表現出高度的凝聚力。

用人格的魅力打動下屬

日本管理學家國分康孝在其著作中指出：「即使不存在職務上的問題，若是存在個人感情的差距，仍不能喚起成員完成集體目標的積極性，難以保持集體的團結。因此，領導者必須照顧每個人的感情。」

作為一名主管，如果只會用手中的權力命令下屬做東做西，那是不明智的，是愚蠢的。其結果是，你的下屬只會服從你，卻不會喜歡你，你的工作永遠是被動的，終有一天，你的下屬可能會採取某種手段和措施敷衍了事。關懷他們，或者說，用你的人格魅力，讓你的下屬喜歡你，心甘情願地為你工作，不失為一種投資少、見效豐的領導藝術。

美國陸軍名將道格拉斯．麥克阿瑟是一位很會動用人格魅力的軍事領導人。

一九四一年十一月，美國一位叫路易斯．布里爾頓的中將去菲律賓出任麥克阿瑟的航空隊司令，他回憶說，他剛到旅館就被邀請到麥克阿瑟的房間，受到麥克阿瑟將軍非常熱情的接待。麥克阿瑟拍著他的背，把胳膊放到他的肩上說：「路易斯，我候駕已久。我知道你就要來，我真是太高興見到你了。我，喬治．馬歇爾和哈普．阿諾德一直在談論著你……」這次會面給路易斯留下了極深刻的良好印象。

麥克阿瑟不僅將感情傾注於他周圍的人，還傾注於最普通的士兵。第二次世界大戰中，他試著給每個陣亡士兵的家屬寫去一封信，信中總是寫一些個人之間的事情。許多家庭回信告訴麥克阿瑟將軍說，接到他的個人信件後，對於自己喪子的痛苦感覺好得多了。

美國一位政治學博士評價麥克阿瑟說：「從來沒有一位指揮官能付出如此之少卻獲得了如此之多。

正是名副其實的卓越領導才華，使麥克阿瑟以有限的人力、物力做出了如此了不起的成就。」

馬歇爾也是一位非常善於關心部下的人。他的一位參謀說：「馬歇爾將軍對所有在他手下服務的人都有天生的人情味。不論他們的職位多低，他總是不厭其煩地、隨時隨地去向他們表示他的真誠、尊敬、體貼、關心和友愛。」

威利斯．克里頓伯格中將是一九四四年駐義大利第五集團軍的一個軍長，馬歇爾巡察歐洲戰場時曾去探望他。馬歇爾回到美國後，親自打電話給在聖安東尼奧的克里頓伯格夫人說：「我打電話是想告訴妳，我在義大利見到妳的丈夫了，他身體健康，生活愉快。」他給他所見到的所有高階指揮官夫人都打了電話。

對下級軍官和士兵他也是如此。一個在二戰中參加過「巴坦死亡進軍」的老戰士回憶說：「我只見過馬歇爾將軍一次，那是我在日本俘虜營裡度過漫長的監獄生活回到美國後，他派他的私人座機到舊金山來，把我送到那些令人激動的地方，與我的直系親屬相聚。這件事後，我到五角大廈向將軍報到，感謝他的照顧。馬歇爾將軍擱下一切事情，推遲了很重要的約會，讓我不要拘束，用了很長的時間詢問我的情況，充滿了人情味。」

美國陸軍部長史汀生將軍評論馬歇爾說：「無論駐紮在什麼地方的美國軍官，甚至那些在前線贏得了成功的軍官，都像忠於自己的領袖一樣忠於他，彷彿他們在五角大廈裡一樣。」

如何獲得人格的魅力？這是芸芸眾生所共求的一個目標。對此，千言萬語，只有一個關鍵，那就是對別人要有出自內心的興趣。

社會上有許許多多的人，明顯缺乏的便是這種對人的興趣。其原因，不外是他們在應酬人際關係的人生舞台上，既不具備天生的人格魅力又不去努力。

沒有人能強迫我們對別人發生興趣，可是我們自己應當建立起對別人的興趣。這種事情其實並不難做，只要我們多加留心，明白我們應該怎麼做，不該怎麼做，小心地與別人周旋，就能發揮我們健全人格的威力，成為具有魅力的、得人善意好感的贏家。

對於你所欲左右的人，對於希望對你忠誠、與你合作的人，你務必獲得他們的敬愛，而獲得他們的敬愛，全憑你人格的魅力。

別錯過動之以情的機會

領導者若是遇到虛偽狡詐的人，就應該用真誠的心意來打動他；若是遇到凶惡殘暴的人，就用溫和的態度來感染他；若碰到邪惡自私的人，就用道義節操來激勵他，那樣的話，天下人都將受到感化。

所謂：「精誠所至，金石為開。」真誠的情意能夠令奸惡之人從善，能夠化解人與人之間的隔閡。

我們或許可以說惡人皆為小人，但不可以說小人都是惡人。

有些時候，有的人，因為某些原因、出於某種目的，做出君子所不齒的事，我們便說他為「小人」，但這樣的「小人」卻又與其他小人不同。

應該說，沒有地地道道、徹頭徹尾的小人。人皆心存善根，只是在社會競爭中，為了生存或是為了一時之利而做出損人利己的事來。

況且，人都是有情感的。以情動人，不僅僅適合對君子，同樣也適合對小人。尤其是領導者，若能運用好此術，不但能使小人改過，而且很可能會令小人為你出力效勞。

有些勢利小人，趨炎附勢，恃強凌弱。對付這樣的小人，作為領導者，根據不同對象和不同情況，可以適時採用此戰術，以情動之。

以情動人，用真誠去感化不是惡人的小人，不但能夠使領導者得到人心，更重要的是，在旁觀者看來，會覺得領導者肚量寬廣、有人情味，自然而然會對你產生敬意，也就會對你產生幾分信賴，當然就會肯為你盡心出力，幫助你成就事業。

毋庸置疑，以情動人，要動真情。只有真摯的感情才能真正使人心動。尤其是作為領導者對待下屬，更需用真情才能起作用。

一般認為，上級對下級，大多是命令與被命令、指派與被指派的關係，很少會有人想到真情之事。換句話說，在一般人頭腦中都有一個先入為主的觀念，其實也可以說是一種偏見，都認為上級對下屬冷冰冰，缺少熱情。

固然，上司需要講究與下屬打成一片，但這絕非意味著要對下屬個個笑容可掬、整日溫情脈脈。那樣，不但使領導者得不到人心，甚至會使他威儀頓消、令出不行、禁出不止。

而更多的情況是，領導者動情並不被別人承認，大家都以為領導者一般不會動情，即使偶爾動情也無非出於權術、拉攏人心，所以，很多情況下人們對領導者的「情」都抱有懷疑的態度，這自然也有領導者自身的原因。

的確，有的人是純粹出於私利目的，而企圖以「情」動人，演貓哭耗子的假戲。這樣的「情」怎會感動他人？別說是假情，就是真情，也往往會招人懷疑。

由此可見，要想打動別人，非得動真情才行。

也許有人會說，對待君子，以誠相待、以情相悅這很好理解，也說得過去；但對小人，卻也以真心換心，豈不是向狼作揖、與虎謀皮，這不是犯傻嗎？

此言差矣。我們的觀念中有一個模式不能突破，那就是總以為小人就不能相處，就應避而遠之。可是，你也得想想，真正的君子有幾個？捫心自問，我們自己就沒有小人之念嗎？又有誰敢站出來，拍著胸脯理直氣壯地說自己就是君子、十足的君子，沒有半點小人之心？

而領導者，更不應該盲目排斥一部分人。昔者孟嘗君甚至收納雞鳴狗盜之徒，緣由為何？小人也有長處，短處固是人所不齒，但畢竟可以揚其長、避其短，擇而用之。

再者，領導者不僅僅要領導好人，更要學會使用小人。如果籠統地劃分，人可以分為君子和小人兩種的話，那麼，領導者只會領導君子或只會領導小人，都算不上好的領導者，因為他起碼失去了一半的力量，有一半資源他不曾開發。

用情去感化人，用得好會事半功倍，用不好，會更激怒小人，事倍功半甚至無功有禍。因此，此方慎用。

Chapter

6

留一隻眼睛看自己

只要我們都關注自身的發展，就無法回避認識自我的問題。

我是誰？

我能做什麼？

我做得如何？

我要到哪裡去？……

茫茫的人生旅途跋涉，我們都必須亮起一盞心燈，「一日三省吾身」，時時叮囑自己，只有這樣，我們的成功之路才能越走越寬廣。

清醒地評估自我

如果你是個商品，你會怎樣去評價自己呢？你是市場上的暢銷貨呢，還是滯銷貨？

你如何給自己的品質定價呢，是高價還是低價？

你是否會為自己評上「最優商品」，還是僅認為自己是「優良的產品」呢？

是「經久耐用」呢，還是「一次性使用」呢？

是最方便的呢，還是最特殊的呢？

推出一種新產品，只有找出最合適的市場形象，才能打開市場的新天地。這些原則是對任何事物都可行的。但許多人卻忽略了這一道理，並且從來不把它用在自己身上，不去思考如何把自己推向市場。

只要我們與企業界高層的人士交往越多，就越能體會他們之所以能達到高位的原因：有一部分得歸功於個人促銷，以及更重要的——個人定位。他們不僅工作勤奮，表現優異，而且總是精心布局，讓別人能認同自己的價值。

這種自我設計並不是一種弄虛作假，只要能夠實事求是地正視以下幾個問題就可以了。

1 你的形象如何？

在今天，生意蒸蒸日上的各類公司，都要求自己的員工注重儀容外表、言談舉止，其真實意義，不僅是公司形象問題，更重要的是，這也是對客戶或顧客以及自己的服務對象的一種尊重和起碼的禮節。

2 你是否找準自己的位置？

不能正確地估價自己，就不可能得到他人的理解和支持。道理是顯而易懂的。

3 你犯的是哪類錯誤？

人生在世，總會遇到困難和挫折，也會犯這樣或那樣的錯誤，但錯誤的實質卻有根本的不同。

幾年前，美國著名的老牌銀行花旗銀行的副總經理李特創設的信用卡部門，虧損了一千七百五十萬元，因而在公司裡無人不曉，當然更引起頂頭上司的注意。不過，高層從他那似乎是冒失的行動中，看到了他的大膽決斷，反而使他受到重用。不久，李特果然不負重望，使信用卡部門轉虧為盈，他也因此被提升為銀行的副總經理。

4 凡事不能聰明過頭

IMG公司裡有位經理，才思敏捷，反應快速。他能在瞬間衡量情勢，作出決定。

這種快速思考的能力，雖然在公司裡極受重視與嘉許，但對外來說卻未必是優點，很多人會覺得他過於精明厲害。當他與一家長期從事體育賽事的公司洽淡時，仍然我行我素。這對於習慣照章辦事，按部就班的這家公司來說，他這種即席的解答方法，不僅頗覺驚訝，而且完全跟不上他的速度。他所表達的方式看來好似未加思考，顯得倉促而草率。如果他稍候幾天，再提出與原先相同的解決方法，我們相信，對方必然比較容易接受他的看法。

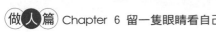

5 你會出名嗎？

最能讓你名聲在外的是，做好每一件事，這樣自然會有人去為你立傳，這比從你自己嘴裡說出來，更能令人信服。反之，要不引起他人的反感，最好的詞語應是「我們」、「我們公司」，而少用或不用「我」、「我的」……

6 你的工作崗位怎樣？

要贏得賽馬的勝利，一靠駿馬，二靠騎師。前者的因素占百分之九十，後者占百分之十。事業前程也是如此，好人配好馬，好馬配好鞍，定能馳騁商場。你有一個好單位，許多事都好辦。

使人失敗的七種致命傷

有七項心理上的過錯，一定會令人失敗。雖然人們表現上看起來很賣力、很用心地工作，但是這七種致命傷，卻會使人蹉跎度日、一事無成。

1 讓別人來支配自己的生活

二流的人物會根據常規而頤指氣使，他們要你做你並不想做的事情，指點你所應該採取的工作方式，以及在私生活中你應該採取的做法或態度。那些好為人師的先生們、專橫跋扈的太太們、驕傲自大的雇主們，以及嚼舌多事的親戚、同事們經常都會在不知不覺中，扮演著想要控制你的角色。

遇到這種情況，你可以分析一下你最近剛做完的某一項決定。想一想你是否選擇了你真正想要的事物，有沒有受到旁人的意見左右呢？或者是，你是否總是根據他人的意願行事而不做選擇呢？

2 總是認為自己運氣不佳而不責備自己

成功的人會創造出有利於自己的環境，而不是被一般世俗的環境所影響。拿破崙曾說：「我會設法創造或改造那些對我有影響的環境。」

可惜，大部分的人不具備這種力量。當他們分析「為什麼我在工作上不能有所長進」，或「為什麼無法達成某一項生意」，或「為什麼只能得到很低的評價」，或「為什麼別人節節高升，自己卻一直停留在管理金字塔的底層」的時候，他們就不知不覺地尋找替罪羊，使自己避免自責，陷入自欺的狀態之中。

3 自貶身價——亦即在下意識中，對自己的潛能做了偏低不實的估計

毫無疑問，這個世界上的失敗者，都認為自己的能力不足，認為自己將會在人生競賽中失敗，認為生命中的種種美好快樂的事物，都是無法掌握、無法企及的。

每天都有數以萬計的富有創意、有價值的主意被人想出來。但是，人們總認為自己腦筋裡面想出的東西一定不值錢，別人的創意就非常難得而有價值了。一般人都很容易犯了這項過失而不自知。這樣，我們在誇大他人的智力的同時，也低估了自己的智力和實力。

4 讓恐懼感控制了你

對其他人的恐懼、不敢嘗試的恐懼、對未來的恐懼、對自我的恐懼——就是這些恐懼導致了你的失敗。而恐懼可以說是人生失敗的罪魁禍首。

5 無法妥善管理與運用精神力量，以實現各種目標

人們的通病是：他們只是毫無目的、漫無目標地生活著。這些無邊無際的胡思亂想，使人不做有目的、有價值的思考活動。僅有很少數的人，會把他們想要完成的事項寫在紙上；更少的人，擁有想要好好生活下去的意願。一般人只是東晃西蕩、未曾事先計劃，不知道他們自己現在是在做些什麼，甚至不知道自己將要往何處去——就好像是不帶地圖的旅遊。這是一件非常可悲的事情，結果，他們的頭腦無法讓自己執行任何一樣事情。

6 只想到自己，無法真正有效的「掌握和控制其他人」

成功是需要充分發揮「影響他人」的能力的。如果僅僅想到自己，你就無法發展出這項能力了。

在今天這個複雜的社會中，要有能力去說服別人，使他們認同你的觀點，跟你站在同一立場、一起同心協力並肩作戰，這樣你才能出人頭地、獲得更高更重大的成就。

可惜的是，幾乎每一個人多多少少都會反問自己：「那跟我又有何干？」而不是「我還能為其他的人再做些什麼事情呢？」成功的人都知道，如果想要有所「收穫」的話，就非得先「施與」才行。只有辛苦耕耘灌溉，才會有開花結果、碩果累累的一天。

7 無法對自己堅信不移

無法相信「我可能會贏得勝利」、「我可能會獲得成功」、「我可以賺到更多的錢」、「我可以擁有更大的影響力」、「我可以獲得心靈上的真正寧靜」等等，這是不自信的過失。

幾乎每一個人都聽說過「信心的力量，足可移山」之類的處世哲學。但是，一般人對於這偉大的智

慧暗地裡充滿了輕蔑之心。他們只相信世俗的「信心是不管用的」這樣的論調。那些真正有成就的人，都會控制本身的思考活動，讓他自己的信念來控制自己。

而沒有堅定的信念、喪失自信、人云亦云、既無法激勵自己也無法影響別人，就是失敗者之所以失敗的原因。失敗者最大的錯誤是信任自己的錯誤，並在錯誤中生活而不自知。久而久之，失敗的生活形成了習慣，以它強大的力量牽制著人生的每一分鐘，使人陷入悲傷苦難的境地，這是最為違背人道的錯誤。每個人都應從其中走出來，走在陽光下重新生活。

所以，請你拋棄失敗心理，對自己說出以下的話吧：「我真想奮發向上，跨出第一步，力求有所突破，大幹一場呢！我真想尋找更多的快樂與歡快。我真想享受美好璀璨、多彩多姿的人生。我真想獲得我所真正想要追求的成功。」

如果你已經準備好做出這項承諾，那麼請讓我來鼓勵你「現在就馬上去行動吧」！

你有沒有居功自傲

在中國歷史上，那種由於居功自傲、最終招來殺身之禍的將領不在少數，他們並未戰死在拼殺的疆場，而是斷魂於自己人的刀下，說來令人惋惜也讓人深思。

鄧艾以奇兵滅西蜀後，不覺有些自大起來，司馬昭對他本來就有防範之心，現在看他逐漸目空一切，怕久而久之事有所變，於是發詔書調他回京當太尉，明升暗降，削奪了他的兵權。可以這樣說，鄧艾雖有殺伐征戰的謀略，卻少了點知人、自知的智慧，他既不清楚自己處境的危險，也不明白自己何以招來麻煩。他只想到自己對魏國承擔的使命尚未完成，還有東吳尚待去剿滅，因而上書司馬昭說：「我軍新滅西蜀，以此勝勢進攻東吳，東吳人人震恐，所到之處必如秋風掃落葉。為了休養兵力，一舉滅吳，我想領幾萬兵馬做好準備。」而且，他還喋喋不休地闡述自己滅吳的計畫，全然不知這將引起什麼後果。

司馬昭看其上書心更存疑，他命人前去曉諭鄧艾說：「臨事應該上報，不該獨斷專行封賜蜀主劉禪。」鄧艾爭辯說：「我奉命出征，一切都聽從朝廷指揮。我封賜劉禪，是因此舉可以感化東吳，為滅吳做準備。如果等朝廷命令來，往返路遠，遷延時日，於國家的安定不利。《春秋》中說，士大夫出使邊地，只要可以安社稷、利國家，凡事皆可自己作主。」

鄧艾強硬不馴的言辭更加使司馬昭疑懼之心大增，而那些嫉妒鄧艾之功的人紛紛上書汙衊鄧艾心存叛逆之意。司馬昭最後決定除掉鄧艾，他派遣人馬監禁押送鄧艾前往京師，在路途中將其殺害。

一世聰明的鄧艾由於一時慮事不周，招人疑懼而遭殺身之禍，就是由於其居功自傲的性情。鄧艾一片苦心，卻由於自己不善內省、不明真相，糊裡糊塗地被殺，的確讓人痛惜。

那麼，歷史給予我們的思考與啟迪又是什麼呢？是否遠離權力之爭就沒危險了呢？可以肯定的是，即使是在日常生活裡、在企業群體中，居功自傲也並非是一件好事。因為，我們無法排除自己會不會正處在一個妒賢嫉能的人際圈子裡，如果是這樣，「居功」已屬不妙，更何況「自傲」呢？

常言說：「賣麵粉的討厭賣石灰的。」本來是你賣你的麵粉，我賣我的石灰，各有各的生意，但這世上偏偏有那麼一種人，什麼事都要與自己連在一起，總覺得你「白」了他就「黑」了；有了你的能幹，就顯示了他的無能等等。因此，明裡暗裡都要捅你兩下，甚至想置你於死地。

還有，我們也難以保證企業的經營者都是「賢達開明之主」，本來，下屬的「功」對企業以及對他本人是極為有利的，但對居功者，他同樣會心存嫉妒或感到不舒服，他們會由此而疑懼你心存二意，「萬一哪天你投向競爭對手那邊該怎麼辦？」而「自傲」更加刺激了這一系列的心理反應。

換個角度來看，自傲對自己確實無益，除了導致人際關係緊張外，還會使自己喪失許多理性的東西。在現實生活中可以看到，凡是「居功自傲」的人，一般都難以吸取失敗的教訓（包括他人或自己過去失敗的教訓），總是看到成功的經驗和榮耀，對他人意見或建議易持抵觸態度，很難像過去一樣，站在相應對等的位置上進行資訊交流與溝通，從而導致上下關係緊張。

另外，居功自傲者身邊，由於其「功成名就」，容易出現一些「抬轎子」的人，當中有些人是出自對成功者的佩服尊敬，但往往不排除有那種別有用心之人。所謂上房抽梯，讓你爬得高摔得重正在於此。因此，從相當程度上來講，如何正確對待已經取得的「功」，不僅僅是一個性格修養的問題，也是一個事關生存發展的大問題。在特定的條件、情況下，它甚至是一個有關生死選擇的重大問題。常言道：「該夾著尾巴做人，就夾著尾巴做人。」在許多時候是不無道理的。

值得一提的是，我們切不可把自傲與自信等同起來。儘管僅是一字之差，其內涵卻相去甚遠。淺顯而言，自傲的外在表現往往是傲氣十足；而自信則往往表現於傲骨的自然挺立。而「傲氣不可有，傲骨不可無」這句話也已經成為大多數人的共識了。

總之，不要居功自傲，要謙遜以求自保、謙遜以求進取，這總不是一件壞事。

有威信大家才服你

領導者擔負實現企業目標的任務，為了完成任務，他被賦予一種強制別人的力量，這個力量就是權力。它可以用作指示、指導，也可用以糾正過失。

雖然如此，但如果太仰仗權力，不管什麼事都採取強硬手段來壓制下屬，口口聲聲說：「我說這麼做就這麼做。」不厭其煩地一再向人們顯示自己的權力，則不能使下屬信服。

領導者應該認清的是，指責應該根據事實，就事論事，要具有充分的理由，不應因為被賦予了權力、賦予了使人服從的權勢而濫用指責。應把強制及使人服從的力量深藏不露，才是最聰明的辦法。

如果下屬老實地接受指責當然最好，可是有些下屬非但不能接受，還針鋒相對。此時，有的領導者就會火冒三丈，而用「這是命令，一定要給我做到」的強制語氣來壓制對方。

聰明的領導者不會這麼做，這是表現肚量的重要時機，改變指責方式是必要的，從權力的寶座上走下來，以一種交換意見的態度，和氣地解決問題，才是上策。

本來身為下屬的人，就算不受強制，也會有服從的心理，如果領導者用一種以上凌下的態度對付下屬，即使性格溫順的人也會產生反感。所以領導者不能借助權力壓人，靠本身的威信使人服從是最好的辦法。

話雖如此，但有些頑固、剛愎自用的下屬，見領導者以一種友善的態度與他們交談，反而擺出一副盛氣凌人的架勢。對這種下屬，當然不妨使用強制的手段。但一般情況下，大部分情形是不需要用壓制方法就可解決問題的。

權力是力量的源泉。但是當它用以責備時，只會招來對方的反感，助長其反抗心理，使領導者失去依賴。這一點是握權在手的人都須注意的。

我們可以打一個比方：一個人光靠自己無法站立，只能依靠身後的樹幹才不至於倒下，而他卻還要抬起一隻腳來踢人，這不是很可惡也很可笑嗎？假如身後樹幹折斷的話，他必然應聲而倒。這時，即使旁邊有人，也會因為剛挨過他的一腳而不會過來攙扶他。

這個樹幹就是權力。領導者要自立，要以自己一貫的言行讓下屬信服。否則，一旦失去權力，你必是人人鄙視的廢人。

權力並不是萬能的鑰匙，你不用多表現，大家也知道你是領導者。如果你經常把權力當作羊倌手中的鞭子使用，就會像不可一世的秦朝統治者，不會收到好的結果，終受其累。

威信比權力更重要。放棄權力的使用，把精力放在建立威信上，也許效果會更好。聰明的領導者很少會像中國封建社會那些專制的皇帝一樣隨心所欲、世間萬物為己一人所驅使，更不會像舊社會封建官僚那樣做權力的奴隸，信奉權力至上。他們往往是在務實工作中，通過一點一滴，通過自己能力的施展，通過自己良好的品德風範，逐步建立自己的威信。

有了威信，大家才能信服你，你的計畫才能得到迅速的實施。這時，你具備了無形的感召力，你所作的決定會得到大家的一致擁護，大家會齊心協力按你的決定去做，大家也才信任你。你的決定所帶來的良好效果會得到大家的一致稱讚，你的威信同時也得到了進一步的增強。

不講方式地隨意使用權力，只會使你失去威信、自信心下降，而學會如何巧妙地使用權力、建立你的威信，則會使你信心大增。大家對你的信任支持，是你開展工作的強大後盾。

讓別人喜歡，其實很簡單

人們總是對自己所愛的、尊敬的朋友，發自內心地關懷他們，期盼他們能幸福安樂。如果不能秉持這種心情，你也就無法取悅對方。取悅人們的心理，誰都會有，然而，在人與人交往的實際場合，真能知曉如何取悅他人的方法者，並不多見。

事實上，你可以通過掌握一些簡單、自然、平常和易學的技巧，成為一個受人喜愛的管理者。

1 要做一個平易近人的人，和別人打交道要輕鬆自如

也就是說，在別人和你打交道的時候，不要讓人有一種緊張感。一個平易近人的人很好相處，而且言談舉止都很自然。他會營造一種舒適、愉快、友好的氛圍，和他在一起，不會像戴著一頂破舊的帽子、踩著一雙破爛的鞋子、穿著一件寬大破舊的袍子一樣，尷尬難堪。

一個表情僵硬、冷漠、毫無反應的人，是難以融於一個集體之中的，而他往往是一個桀驁不馴的、不合群的「怪咖」，讓人確實不知道該如何和他打交道，你也難以揣摩他的內心世界，不知道他會對你的言行做出怎樣的反應。這樣的人要討人喜歡，確實不是一件容易的事情。

2 善解人意，體貼別人

一個體貼別人的人，總是設身處地為別人著想，不讓別人緊張、拘束，更不會讓別人尷尬難堪。據說，莎士比亞就具有善解人意的神奇能力。在和人交往的過程中，他就像一條變色龍，能根據交往對象的不同特點，隨著時間、地點的變化，進行應變。

文學批評家威廉．哈茲里兀指出：「莎士比亞完全不具有自我，他除了不是莎士比亞之外，可以是其他任何人，或是任何別人希望他成為的人。他不僅具備每種才能以及每一種感覺的幼芽，而且他能藉著每一次的命運改換，或每一次的情感衝突，或每一次的思想轉變，本能地預料到它們會向何方生長，而他就能隨著這些幼芽延伸到所有可以想像得出的枝節。」

3 能夠仔細分辨別人的意圖、動機、心情、感受和思想

也就是說，一個社交能力強的人，必定是會盤算的人，他們會考慮到自己行為的後果，會盤算別人的可能行為，會計算自己的利益和損失，而所有這些盤算，都是在相關因素可能變動的情況下做出的。因此，只有認知能力較高、善於察言觀色的人，才能在複雜多變的情況下，做出這些盤算來。這種人際交往智慧每個人都具有，關鍵是怎樣使之不斷增強，怎樣把它們在生活中發揮出來。

4 不斷克服自身的弱點

如果你不是和別人打交道很輕鬆自如的人，建議你對自己的性格做一些研究。一定要注意，不要把別人不喜歡你的原因歸結到別人身上。相反的，你應該在自己身上找原因，而且要下決心找到解決問題的方法。

要做到這一點，就必須非常誠實，敢於解剖自己，甚至還需要一些性格方面的專家的幫助。那些在你的性格方面的所謂「不利因素」，或者說「弱點」，可能是你多年的生活習慣養成的，也可能是你年輕時候的生活態度發展而來。或許，你還一直把它們作為「自衛」的武器來使用，殊不知，它們卻在無意之中傷害了別人。

不管這些性格的「弱點」是如何產生的，只要你對它們進行科學的分析，意識到了進行性格優化的重要性，通過一套對性格進行轉變的訓練，你是完全可以克服這些弱點的。

在一個人的性格轉變過程中，學會為別人祝福是非常重要的。因為當你為別人祝福的時候，你就是在調整自己的心態，改變對別人的態度。這樣，你和別人之間的關係就上升到了一個新的高度。

以心換心，以愛換愛。當你向別人表露出最美好的感情的時候，別人也會向你表露出最美好的感情。當這種最美好的感情彼此相遇並且融合在一起時，一個更高層次上的相互信任、相互理解也就建立起來了。

如果你已經走完了人生的一大半，卻還沒有建立起和諧的人際關係的話，你不要認為一切都不可能改變，你應該採取明確的步驟去解決這一問題。只要你願意為此付出努力，完全可以改變自己，成為一個受人喜愛、受人尊敬的人。

或許可以用下面這句話來讓我們共同警醒：一個人的最大悲劇，是用一生的時間來為自己的過錯掩飾和開脫。我們本來是做錯了，卻為它辯護，文過飾非，死不認帳，死不改悔。就像一台黑膠唱片機上放置了一張有缺陷的唱片，當黑膠唱片機的指針陷入唱片的凹槽時，它會反復播放同一音調。你必須把指針從唱片的凹槽中拿出，這樣，你就不會再聽到不和諧的音調，而會聽到旋律優美的歌曲。

所以，不要再浪費時間去為你在人際關係方面的失誤作辯解，而要把這些時間用於完善自身的性格，去贏得別人的友誼。因為和諧的人際關係是成功生活的最重要的條件。

5尊重別人，自我克制

你尊重別人，別人也會尊重你；你喜歡別人，別人也會喜歡你。讓別人喜歡你，實際上，這就是你喜歡別人的另一個方面。美國著名學者威爾．羅傑斯曾說過一句很有名的話：「我從沒遇到一個我不喜歡的人。」這句話或許有一點誇張，但我相信，這對威爾．羅傑斯來說並不為過。這是他對人們的感覺，正因為如此，人們也都對他敞開心懷，就像花朵對太陽敞開心懷一樣。

當然，有時也會因為彼此意見不同，使得要喜歡某個人格外的困難。這是很自然的事。但是，我們知道，每一個人確實都有他值得尊重的品性。

在人際交往中，尊重別人的人格是贏得別人喜愛的一個重要因素。人格，對每個人來說，都是最重要、最寶貴的。對每一個人來說，他都有這樣一個願望，那就是使自己的自尊心得到滿足，使自己被瞭解、被尊重、被賞識。

如果我不尊重你的人格，使你的自尊心受到了傷害，當時，你或許會一笑了之，但是，我卻嚴重地傷害了你。事實上，如果我表示出了對你的不尊重，即使你當時對我還是很友善，但是，假使你不是一個精神境界極高的人，你以後是不會很喜歡我的。這樣，我就「贏得了戰場，而輸掉了戰爭」。

相反，如果我滿足了你的自尊心，使你有一種自身價值得到實現的感覺，那麼，這表明我很尊重你的人格。我幫助你獲得了自我實現，你也會對我所做的一切表示感激。你對我有一種感激之情，你會因此而喜歡我。

一些高明的管理者是精於此道的。為了籠絡人心，贏得別人的擁護和支持，他們絕不輕易傷害別人的自尊和感情。一位評論華盛頓政治舞台的專家指出：「許多政客都能做到面帶微笑和尊重別人，有位總統則不止如此。無論別人的想法如何，他都會表示同意。他會盤算別人的心思，並且能掌握這些心思的動向。」

不要降低別人的人格，不要傷害別人的自尊心，因為，只有尊重別人，別人才會喜歡你。你滿足別人的精神需求，別人才會滿足你的精神需求。

一個人必須要有自我克制的能力，對和自己打交道的人千萬不要表示出不耐煩。對某些人，你可能是特別的不喜歡，甚至是特別的討厭。但是，你不要感情衝動，只要冷靜一點，盡可能地把這位令你生氣的人的優點、過人之處列舉出來，你就會克制自己的感情。

如果你每天力圖列舉一點，久而久之，你就會驚奇地發現，你原來以為不喜歡的那個人，竟然會有那麼多值得人喜愛的地方。在發現了他的可愛之處後，你就會猛然覺得自己沒有理由討厭他。當然，在你對別人有這些新發現的過程中，別人也在對你有許多新發現，也會發現你的許多可愛的地方。

受人攻擊意味著你的重要

任重道遠的人往往也是最受人攻擊的人。這種情況幾乎在每個行業都一樣，它正說明了你的價值所在。隨著人生的成功、事業的發達，你可能不會再為日常生活中的柴米油鹽和孩子的學費發愁，也不再像事業初創時期那樣的疲於奔命，這時，又一個讓你惱火的事情撲面而來，那就是在社會上、在你的周圍、在你的生活圈內，關於你的謠言四起，攻擊你的語言風起雲湧。

今天有人說你得了一種見不得人的疾病，明天有人說你和某位模特兒走得很近，後天又說你因為某件事情看破紅塵一氣之下遁入空門，甚至說你昨天跟情人幽會出了車禍……如此等等，不一而足。

面對種種謠傳，你會怎麼做？

你絕對不能因此而生氣，更不能大動肝火，如果真這樣，你的作風就不像一個成功人士，起碼，在處理這個問題的時候，你只像一個普通人。

受人攻擊意味著你的重要。

我們都知道，已經卸任的美國前總統柯林頓，因為跟陸文斯基的事情東窗事發，在全世界人面前都可以吹鬍子瞪眼的柯林頓那時候多麼的狼狽不堪。他在大法官面前那個可憐樣，想起來都讓人覺得可笑。

有時候我們想想，不就是婚外情嗎？這在美國那樣開放的社會，算得了什麼？

在美國，如果你是一名普通人，發生了跟柯林頓類似的事情，估計最壞的結果也就是跟妻子說聲「掰掰」，絕不會弄得在全世界人面前出醜。但他是總統，事情就不能這麼簡單。在美國，最受人批評、指責與嚴厲攻擊的人，不是歹徒，也不是罪犯，而是美國的頭號人物——總統。

任重道遠的人往往也是最受人攻擊的人。這種情況幾乎在每個行業都一樣，它正說明了你的價值所在。我們每天都能在報紙上發現某明星又跟自己的第N任丈夫離婚了，某國總理人因為涉嫌貪汙被抓起來了，某球星在一家牙醫診所補了一顆牙齒，某主播嫁給了外國富豪……等等。世界上每天要發生多少事情，但媒體卻始終圍著這些公眾人物打轉，道理很簡單，就因為他們是公眾人物。這些人應該都是在某個領域取得了成功的人，既然爬到了高處，自然就得體會「高處不勝寒」的滋味。

在影視界，有關知名演員的批評最多，他們受到的攻擊也最多，而那些初出茅廬的演員，卻能夠躲避批評與指責。

軍隊中，高階將領通常都被傳言弄得焦頭爛額，幾乎無法忍受，但一個普通士兵絕不會有此煩惱。

當你日益位高權重，你就應當預期到會有更多的批評與指責落到你的身上。當人們把你攻擊得體無完膚的時候，你應當把它當作是你「繼續在成長」的一個必然現象。

或許，在你開始創業的時候，你的潛意識中就是想做一個出人頭地的公眾人物，就是想成為人群的中心。所以，既然你已經是公眾注意的焦點人物了，那就應當有接受攻擊的心理準備。然後，不要理會那些攻擊，繼續做你自己的事情，而且要越做越好。

那，你就贏定了！

絕妙地應對種種不利局面

在管理者的工作環境中，會遇到種種意想不到的問題。挫折和挑戰不斷向你襲來。如何在這些打擊之下堅持下來而不垮掉，就成為衡量個人心理素質的最好標準。

為了更好地瞭解現今工作環境中的種種潛在威脅，首先必須清楚這些威脅通常來自何處：其一是來自他人，比如一個盛氣凌人的同事或一位脾氣暴戾的客戶；另一來源是偶發事件、最後時刻提出的意外要求、一個錯誤的信號或預想不到的差錯。當然，最後一個威脅來源就是你自己。不管你意識到了沒有，你遇到的許多困難都是由你自身的弱點造成的。

作為管理者，如何輕鬆地應對種種不利局面呢？以下八點建議可供參考：

1 時刻堅持高標準

在現實生活中，明智的人時刻要求自己遵循自己的信條和道德準則，始終不渝。一個正直的人之所以始終追求自己的最高理想，並非出於天性或是社會的壓力，而是源自對這些理想的堅定信仰。正直的人絕不會在遇到困難或強烈誘惑的時候放棄自己的原則，甚至不允許有「僅此一次」的想法。

2 仔細權衡，作出最優決策

優秀的行動者必然長於細緻的思考。在作出重要決策的關頭，他們會收集大量的事實情況進行分析；而在分析權衡的過程中，他們會盡力摒除自身的偏見，以增強決策的客觀性和準確性。

事實上，有許多好的方法可以幫助人們作出明智的決策。其中之一就是：列出現實情況中所有的有利因素與不利因素，而後仔細估量其中的利弊與得失。之所以這樣做，其目的是要通盤考慮各個方面的因素，其中甚至可以包括你的個人感受。

3 追求卓越，不期望贏得他人讚賞

要想使一個集體中的成員團結一致，維持一種和諧的氣氛，一個最有效的手段就是利用人們渴望獲得讚賞的心理。但是，如果這種獲得他人讚揚與好感的願望過於膨脹的話，就會徹底破壞我們正直的品行與平和的心態。

如果研究一下偉人們的事蹟，就能發現一個重要的情況：與贏得他人讚賞相比，他們更專注於實現遠大的目標。正因如此，他們在完成了那些可欽可贊的偉績的同時，也獲得了卓著的聲望。

4 積極解決問題

面對困難，是積極克服困難的第一步。如果你剛剛得知身體出了什麼問題，就要勇敢地去面對、明智地解決，要去徵求最優秀的專家的意見：什麼是最好的療法？如果你正在努力工作，爭取按時完成一項計畫，卻遇到了嚴重的突發情況。這時，你應當像科學家一樣認真地分析局面：問題是怎樣造成的？努力找出可處理現實問題的最好途徑，發現最有助益的方法，然後遵照施行。

5 心存高遠，不為小事所累

做事過程中，如果不懂得合理分配精力，各種問題便會紛至沓來。你的精力將被小事消耗掉，大事則無法完成，撿了芝麻丟了西瓜。被瑣碎的二流問題絆住了頭腦，自然不能留心頭等大事了。

要想培養自己權衡輕重的能力，其奧祕在於：選定一個核心目標，緊緊追隨而不分心於小事。只有找到一個值得傾注一切的目標時，人們才會全力以赴。唯其如此，他們才能做到最好。

6 拋開小我，取得更大成就

智者通過付出而不是索取來實現自身的存在價值。傑西潘尼是美國最大的連鎖百貨商店之一，其創辦人J．C．潘尼寫道：「我從個人的經歷中學到：獲得自由就必須遵從，獲得成功就必須付出。」換言之，只有當你把目標置於個人利益之外，為更高的理想奮鬥不止的時候，你的生活才是最激動人心的，才最能實現它的價值。

福特汽車企業的創始人亨利．福特始終抱定一個信條：那些目光短淺、只重視眼前那份固定收益的企業註定要失敗。他相信，只有盡職工作才能獲得收益，否則根本沒有什麼收益可言。早在半個世紀之前，福特就抓住了這一思想的精髓，他指出：「全心全意為顧客服務的企業只有一點需要擔心：他們的利潤會多得無法相信。」

7 不可失信於人

為人誠信的聲譽是一個人最寶貴的財富之一。有了這種聲譽，你就會感受到他人對你的信任。當你發表意見時，人人都洗耳恭聽並深信不疑。

獲得信任的方法多種多樣，其行為可大可小。這需要一個人對自己高標準嚴要求，一貫誠實；經營作風光明正大；利益方面先人後己，並且重承諾守信用。

8 保持清醒，防止自我膨脹

生活中的問題大都不是由外部力量造成的，而是來自自身的原因。許多本可大有作為的人都是由於自我膨脹而遭失敗。即使是一個老好人，一旦得意忘形起來，也會變成一個自命不凡、惹人討厭的傢伙。大家避之唯恐不及，當然更不願與他共事了。

惠普公司某任總裁曾說：「始終保持自己的本色，千萬不要裝模作樣地故作姿態。因為你一旦開始裝腔作勢，就必然會招致眾怒。」美商優比速公司（UPS）創辦人吉姆．凱西也對此深有同感，他說：「不要自視過高，應當謙虛一點。只有對自己永不滿足，才能取得更大的成就。」

要警惕自我膨脹，就要告誡自己，你的成功應部分歸功於運氣，還有他人——你的家人、導師、同事、下屬以及那些給你指導和機會的人們——給予你的幫助。

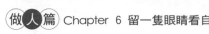

把反省當成每日功課

每個人都不是完美的，都會說錯話，也會做錯事。對自己做錯的事，知道悔悟和責備自己，這是敦品勵行的原動力。不反省不會知道自己的缺點和過失，不悔悟就無從改進。要把反省自己當成每日功課。

著名作家李奧．巴斯卡力，寫了大量關於愛與人際關係方面的書籍，影響了很多人的生活。據說，他之所以有這樣卓越的成就，完全得力於小時候父親對他的教育，因為每當吃完晚飯時，他父親就會問他：「李奧，你今天學了些什麼？」這時李奧就會把在學校學到的東西告訴父親。如果實在沒什麼好說的，他就會跑進書房拿出百科全書學一點東西告訴父親後才上床睡覺。

這個習慣他一直維持著，每天晚上他會拿父親問他的那句話來問自己，若當天沒學到點什麼東西，他是不會上床睡覺的。這個習慣時時刺激他不斷地吸取新的知識，產生新的思想，不斷進步。

所謂反省，就是反過來省察自己，檢討自己的言行，看一看有沒有要改進的地方。

反省是自我認識、水準進步的動力。反省是對自我的言行進行客觀的評價，認識自我存在的問題，修正偏離的行進航線。

為什麼要經常反省？因為人不是完美的，總有個性上的缺陷、智慧上的不足，而年輕人更缺乏社會歷練，常常會說錯話、做錯事、得罪人。反省的目的在於建立一種監督自我的暢通的內在回饋機制。

通過這種機制，我們可以及時知曉自己的不足，及時匡正不當的人生態度。良好的反省機制是自我心靈中的一種自動清潔系統。反省是砥礪自我人品的最好磨石，它能使你真正認識自我。

曾子云：「吾日三省吾身。」這是聖賢的修身功夫，凡人不易做得到，但時時提醒自己，檢視一下自己的言行卻不是太難的事。一個人有了不當的意念，或做了見不得人的事，雖然可以瞞過任何人，但絕對騙不了自己。人之所以會做對不起別人的事，不單是外界的誘惑太大，更多的是自己的欲念太強，理智屈就於本能衝動。一個常常做自我反省的人，不僅能增強自己的理智感，而且必定知道什麼是自己該做的，什麼是自己不該做的。

時下，許多行業都很注重反省的習慣，以增強行業的凝聚力和工作效率。西方一家企業在一天工作結束時，抽出下班前的十分鐘，讓員工集合起來一起做一次「晚禱」，由老闆領頭朗誦下面幾句話：

我今天八小時的工作，是否有偷懶的行為？

我今天的工作是否有任何缺點？

我對今天的工作是否盡了全力？

我今天是否說過不當的話？

我今天是否做過損害別人的事？

這種方式對於個人來說是過於呆板了些，但其精神可資借鑑。對個人來說，方式可以靈活機動些，只要是反省自己，隨時隨地都可以進行。建立自我反省機制是為了反觀自我的不足，以達到提升自我、健全自我和改善自我的目的。我們要從以下幾方面認識反省、看待反省：

1 正視人性的弱點，認識反省自我的必要性

毋庸置疑，人的通病都是「長於責人，拙於責己」或以「自我為中心」。反省要求的是「反求諸

己」，而不是找他人的不是。反省是一面心鏡，通過它可以洞觀自己的心垢。自我如同眼睛一樣可以盡情地看外面的世界，卻無法看到自己，反省機制的建立將澈底改變這一局限。

2 反省是認識自我、發展自我、完善自我和實現自我價值的最佳方法

成功學專家羅賓認為：「我們不妨在每天結束時，好好問問自己下面的問題：今天我到底學到些什麼？我有什麼樣的改進？我是否對所做的一切感到滿意？」如果你每天都能改進自己的能力並且過得很快樂，必然能夠獲得意想不到的豐富人生。真誠地面對這些提出的問題就是反省，其目的就是要不斷地突破自我的局限，開創成功的人生。

3 反省的內容就是時時捫心自問自己的言行是否正確

每天進行「心靈盤點」，有益於及時知道自己近期的得與失，思考今後改進的策略。

4 反省的立足點和取向主要是針對自己，省悟自身的不是

這不僅是自身素質不斷完善的手法，也是融洽人際關係的法寶。比如：「念自己有幾分不是，則內心自然氣平；肯說自己一個不是，則人之氣平」、「自知其短，乃進德之基」、「先問自己付出多少，再問人家給了多少」等等，都是很好的反省方法。若我們能時時這樣去反省，就能使自己心平氣和，善結人緣，力求進取，開創光輝的人生。

反省的方式可以靈活多樣。至於反省的方法，有人寫日記，有人則靜坐冥想，只在腦海裡把過去的事拿出來檢視一遍。

只要我們都關注自身的發展，我們就無法回避認識自我的問題。我是誰？我能做什麼？我做得怎

樣？我要到哪裡去？……茫茫的人生旅途跋涉，我們都必須亮起一盞心燈，「一日三省吾身」，時時叮囑自己，只有這樣，我們的成功之路才能越走越寬廣。

做事篇

先做人後做事全集

Chapter

7

成就大事的關鍵

要成就大事，得先做好小事，並且不要為失敗找藉口，因為藉口的代價無比高昂，它給我們帶來的危害一點也不比其他任何惡習少。除此之外，懂得「借力使力」也是關鍵之一，因為我們不可能獨立做好所有的工作，唯有眾志才能成城！

敷衍了事只會害自己

在某大型機構一座雄偉的建築物上，有句感人至深的格言。那句格言是：「在此，一切都追求盡善盡美。」

「追求盡善盡美」值得我們每個人做一生的格言。如果每個人都能採用這一格言，實行這一格言，決心無論做任何事情，都要竭盡全力，以求得盡善盡美的結果，那麼人類的福利不知要增進多少。

人類的歷史，充滿著由於疏忽、畏難、敷衍、偷懶、輕率而造成的可怕慘劇。二百年前，在賓夕法尼亞的奧斯丁鎮，在築堤工程中，因為沒有照著設計去築石基，結果堤岸潰決，全鎮都被淹沒，使無數人死於非命。像這種因工作疏忽而引起悲劇的事，隨時都有可能發生。無論什麼地方，都有人犯疏忽、敷衍、偷懶的錯誤。如果每個人都憑著良心做事，並且不怕困難、不半途而廢，那麼不但可以減少不少人為的慘禍，而且可使每個人都具有高尚的人格。

養成敷衍了事的惡習後，做起事來往往就會不誠實。這樣，人們最終必定會輕視他的工作，從而輕視他的人品。不用心工作，不但使工作的效能降低，而且還會使人喪失做事的才能。所以，不用心工作，實在是摧毀理想、墮落生活、阻礙前進的大敵。

要實現成功的唯一方法，就是做事的時候，抱著非做成不可的決心，要抱著追求盡善盡美的態度。而那些為人類創立新理想、新標準，扛著進步的大旗為人類創造幸福的人，就是具有這樣素質的人。

有人曾經說過：「輕率與疏忽所造成的禍患不相上下。」許多人之所以失敗，就是敗在做事輕率這一點上。這些人對於自己所做的工作從來不會做到盡善盡美。

大部分的人，好像不知道職位的晉升，是建立在忠實履行日常工作職責的基礎上，也不知道只有做好目前所做的職業，才能使他們漸漸地獲得價值的提升。

有許多人在尋找發揮自己本領的機會。他們常這樣問自己：「做這種乏味平凡的工作，有什麼希望呢？」可是，就是在極其平凡的職業中、極其低微的位置上，往往藏著極大的機會。

只有把自己的工作，做得比別人更完美、更迅速、更正確、更專注，調動自己全部的智力，從舊事中找出新方法來，這樣才能引起別人的注意，才能使自己有發揮本領的機會，從而滿足心中的願望。所以，不論月薪是多麼微薄，都不該輕視和鄙棄自己目前的工作。

在做完一件工作以後，應該這樣說：「我願意做那份工作，我已竭盡全力、盡我所能來做那份工作，我更願意聽取人家對我工作的批評。」

成就最好的工作，需要經過充分的準備，並付出最大的努力。英國的著名小說家狄更斯，在沒有完全預備好要選讀的材料之前，絕不輕易在聽眾的面前誦讀。他的規矩是每日把準備好的資料讀一遍，直到六個月以後才讀給公眾聽。

法國著名小說家巴爾扎克有時寫一頁小說，會花上一星期的時間去體驗生活和思考，而一些現代的作者，還在那裡驚訝巴爾扎克的聲譽是從哪裡來的。

許多人做了一些粗劣的工作，藉口是時間不夠，其實按照各人日常的生活，都有著充分的時間，都可以做出最好的工作。如果養成了做事務求完美、善始善終的習慣，人的一輩子必會感到無窮的滿足。

而這一點正是成功者和失敗者的分水嶺。成功者無論做什麼，都力求達到最佳境地，絲毫不會放鬆；成功者無論做什麼職業，都不會輕率疏忽。

不要為失敗找藉口

「沒有任何藉口」是美國西點軍校二百年來奉行的最重要的行為準則，是西點軍校傳授給每一位新生的第一個理念。它強化的是每一位學員想盡辦法去完成任何一項任務，而不是為沒有完成任務去尋找藉口，哪怕是看似合理的藉口。秉承這一理念，無數西點畢業生在人生的各個領域取得了非凡的成就。

千萬別找藉口！在現實生活中，我們缺少的正是那種想盡辦法去完成任務，而不是去尋找任何藉口的人。在他們身上，體現出一種服從、誠實的態度，一種負責、敬業的精神，一種完美的執行能力。

在工作中，我們經常能夠聽到各種各樣的藉口：

「那個客戶太挑剔了，我無法滿足他。」

「我可以早到的，如果不是下雨。」

「我沒有在規定的時間裡把事做完，是因為……」

「我沒學過。」

「我沒有足夠的時間。」

「我沒有那麼多精力。」

「我沒辦法這麼做。」

歸納起來，我們經常聽到的藉口主要有以下五種表現形式：

1 他們作決定時根本就沒有徵求過我的意見，所以這個不應當是我的責任

許多藉口總是把「不」、「不是」、「沒有」與「我」緊密聯繫在一起，其含義就是「這事與我無關」，不願承擔責任，把本應自己承擔的責任推卸給別人。

一個團隊中，是不應該有「我」與「別人」的區別。一個沒有責任感的員工，不可能獲得同事的信任和支持，也不可能獲得上司的信賴和尊重。如果人人都尋找藉口，無形中會提高溝通成本，削弱團隊協調作戰的能力。

2 這幾個星期我很忙，我盡快做

找藉口的一個直接後果，就是容易讓人養成拖延的壞習慣。如果細心觀察，我們很容易就會發現在每個公司裡都存在著這樣的員工：他們每天看起來忙忙碌碌，似乎盡職盡責了，但是，他們把本應一個小時完成的工作，變得需要半天的時間甚至更多。因為工作對於他們而言，只是一個接一個的任務，他們尋找各種各樣的藉口，拖延逃避。這樣的員工會讓每一個管理者頭痛不已。

3 我們以前從沒那麼做過，或這不是我們這裡的做事方式

尋找藉口的人都是因循守舊者，他們缺乏一種創新精神和自動自發工作的能力，因此，期許他們在工作中做出創造性的成績是徒勞的。藉口會讓他們躺在以前的經驗、規則和思維慣性上舒服地睡大覺。

4 我從沒受過適當的培訓來做這項工作

這其實是為自己的能力或經驗不足而造成的失誤尋找藉口，這樣做顯然是非常不明智的。藉口只能讓人逃避一時，不可能讓人如意一世。沒有誰天生就能力非凡，正確的態度是正視現實，以一種積極的

心態去努力學習、不斷進取。

5 我們從沒想過趕上競爭對手，在許多方面人家都超出我們一大截

當人們為不思進取尋找藉口時，往往會這樣表白。藉口給人帶來的嚴重危害是讓人消極頹廢，如果養成了尋找藉口的習慣，當遇到困難和挫折時，不是積極地去想辦法克服，而是去找各種各樣的藉口。其含義就是「我不行」、「我不可能」，這種消極心態剝奪了個人成功的機會，最終讓人一事無成。

是的，千萬別找藉口！讓我們改變對藉口的態度，把尋找藉口的時間和精力用到實際生活中來。因為現實中沒有藉口，人生中沒有藉口，失敗沒有藉口，成功也不屬於那些尋找藉口的人！

不起眼的工作也要認真

有些人負責一些比較重要且引人注目的工作，另外也有一些人負責的是常被人們忽視的瑣事。假如你正好是負責這些不受到重視的瑣事，你或許很容易就感到沮喪。沮喪起來或許就會怠忽職守，這樣一來就很容易會出錯。一出錯就連起碼的自信也沒有了，因為——連這麼無聊的事也做不好！

一位很有名的服裝設計師說：「真正的裝扮就在於你的內在美。」越是不引人注意的地方越是要注意，這才是懂得裝扮的人。因為只有美麗而貼身的內衣，才能將外表的華麗裝扮更好地表現出來。

就像上面說的一樣，越是不顯眼的地方越要好好地表現，這才是致勝的關鍵。

衝在前面的部門就像是攻擊部隊，守在後面支援的部門就是守衛部隊。沒有堅強的守衛，光靠尖銳的先鋒部隊還是不能獲得勝利。事實上，擔任一些後援工作的員工，有許多人都表現得欠缺活力及魄力。但是，也有些員工是利用這個機會儲存實力，等待時機成熟時大放異彩。

大部分的員工都會認為「我現在做的工作和我自己的興趣不合」。可是和自己興趣相吻合的工作很難遇到。從另外一個觀點來看，就算是自己非常樂意做的事，一旦變成了「職業」，也許你反而無法享受到其中的樂趣。

還有一些人情願安安靜靜地工作，不講究什麼樂趣，那是因為每個人的性情各不相同。此外，有更多的人原本並不喜歡自己所從事的工作，但頻繁地接觸它之後，便不知不覺地喜歡起來。

也許在你的周圍，有的工作是絕大多數人都不想做的「討厭的工作」，人們對待這樣的工作，都是一副避之唯恐不及的態度。但是，工作總要有人來做，假如你表示自願做這種沒有人要做的工作會怎樣呢？這不但能贏得同事的尊敬，更能夠得到老闆的認同，有時還會讓老闆對你心存感激：「多虧了你的幫忙！」

其實即使你有這一份心，也未必會有這樣的差事讓你做。因此，碰到這樣的工作機會時，更應該心存感謝才對。當然，這也要有積極挑戰的心理準備。

可是，實際上這一類的工作，都是非常辛苦且吃力不討好的，就算你付出了全部的精力，也不一定能得到豐碩的成果。但你還是要勇氣百倍地默默耕耘，那才是勇者的表現。

而且這一類工作一般比那些表面看起來花俏動人的工作，更能激發你的鬥志及潛藏的樂趣。能夠從這一類工作中找到樂趣的人，大多是「大智若愚」型的人。

這些「大智若愚」型的人，在現代社會中好像已經消失了。這種人即使心中不滿也不抱怨，仍然默默地做事，不在乎何時才能得到他人的認同，即使是一生也得不到他人的認同也無怨無悔。正由於他們並不寄望於是不是能得到他人的認同，因此他們才能夠被稱之為「大智若愚」。

人人都有過餓肚子的經驗，越是饑腸轆轆，就越能夠體會出食物的重要性。就像是只有經歷過病痛折磨的人，才能深刻地體會出健康的重要性。換句話說，只有經歷過逆境的人，才知道苦盡甘來的樂趣。

假如你認為這樣做就會吃虧，因而與其他人一樣地排斥這一類工作，那你就會和其他人一樣，永遠也不能出人頭地了。假如你能夠接受別人所不願意接受的工作，並且從中體會出辛勞的樂趣，就可達到別人所無法達到的境界。

每一件事都值得我們去做

每一件事都值得我們去做，而且應該用心地去做。

某知名美術館收藏著一幅描繪女修道院廚房裡情景的畫。畫面上正在工作的不是普通的人，而是天使。一個正在架水壺燒水，一個正優雅地提起水桶，另外一個穿著廚衣，伸手去拿盤子——即使日常生活中最平凡的事，也值得天使們全神貫注地去做。

行為本身並不能說明自身的性質，而是取決於我們行動時的精神狀態。工作是否單調乏味，往往取決於我們做它時的心境。

人生目標貫穿於整個生命，你在工作中所持的態度，使你與周圍的人區別開來。日出日落、朝朝暮暮，它們或者使你的思想更開闊，或使其更狹隘，或使你的工作變得更加高尚，或變得更加低俗。

每一件事情對人生都具有十分深刻的意義。你是磚石工或泥瓦匠嗎？可曾在磚塊和砂漿之中看出詩意？你是圖書管理員嗎？經過辛勤勞動，在整理書籍的縫隙，是否感覺到自己已經取得了一些進步？你是學校的老師嗎？是否對按部就班的教學工作感到厭倦？也許一見到自己的學生，你就變得非常有耐心，所有的煩惱都拋到了九霄雲外了。

如果只從他人的眼光來看待我們的工作，或者僅用世俗的標準來衡量我們的工作，工作或許是毫無生氣、單調乏味的，彷彿沒有任何意義，沒有任何吸引力和價值可言。

這就好比我們從外面觀察一個大教堂的窗戶。大教堂的窗戶布滿了灰塵，非常灰暗，光華已逝，只剩下單調和破敗的感覺。但是，一旦我們跨過門檻，走進教堂，立刻可以看見絢爛的色彩、清晰的線條。陽光穿過窗戶在奔騰跳躍，形成了一幅幅美麗的圖畫。

由此，我們可以得到這樣的啟示：人們看待問題的方法是有局限的，我們必須從內部觀察才能看到事物真正的本質。

有些工作若只從表面看也許索然無味，只有深入其中，才可能認識到其意義所在。因此，無論幸運與否，每個人都必須從工作本身去理解工作，將它看做是人生的權利和榮耀——只有這樣，才能保持個性的獨立。

每一件事都值得我們去做。不要小看自己所做的每一件事，即便是最普通的事，也應該全力以赴、盡職盡責地去完成。小任務順利完成，有利於你對大任務的成功把握。一步一腳印地向上攀登，便不會輕易跌落。通過工作獲得真正的力量的祕訣就蘊藏在其中。

處安勿躁

人如果心浮氣躁，靜不下心來做事，不僅一事無成，而且容易鑄成大錯。

一個人必須修身養性，培養自己的浩然之氣、容人之量，保持自己的高遠志向。同時要抑制急躁的脾氣、暴躁的性格。做事要戒急躁，人一急躁必然心浮，心浮就無法深入事物的內部，仔細研究和探討事物發展的規律，無法認清事物的本質。心浮氣躁，辦事不穩，差錯自然會多。

不少人辦事都想一揮就成，一蹴而就，他們似乎忘了一點：做什麼事情都有一定的規律，都得按一定的步驟行事，欲速則不達。

「以靜制動，處安勿躁」，浮躁會帶來很多危害。想有所作為，而又不能馬上成功，就會產生急躁情緒；本以為把事情辦得很好，誰知忽然節外生枝，一時又無法處理，必然生出急躁之心；因為他人的過錯，給自己造成了一定的麻煩，心氣不順，也會產生急躁；望子成龍，盼女成鳳，天下父母之心皆然，但偏偏兒女不爭氣，心中也同樣急躁。

無論是哪一種情況產生的急躁，其實對人對己都沒有好處。浮躁之氣生於心，行動起來就會態度簡單粗暴、徒具匹夫之勇，這樣不是太糊塗了嗎？

輕浮、急躁，對什麼事都深入不下去，只知其一，不究其二，往往會給工作、事業帶來損失。戒急躁就是要求我們遇事沉著、冷靜，多分析思考，然後再行動。如果站在這山看著那山高，做什麼都不穩，最後將毫無所獲。

天下成大事業者，無不是專一而行，專心而攻。博大自然不錯，精深才能成事。只有精深，才能在某一個領域中成為專門人才，其前提是必須克服浮躁的毛病。

無論辦什麼事都不可能毫不費力就取得成功，急於求成，只會害了自己。忍浮躁確實不容易，要有頑強的毅力，才能做到這一點，但只要有決心、有信心，胸中有個遠大的目標，小小的浮躁又有什麼不能忍的呢？

提高你的工作效率

工作效率低的重要原因之一，是對工作缺乏熱情。試想，當你冷淡地出現在辦公室裡，辦公桌上的工作對你而言就像是一具具枷鎖，使你厭倦，又怎麼能愉快地去完成它們呢！

請把你的精神提到十二分，滿腔熱忱地面對工作，工作效率肯定會提高，你也一定會以出色的成績贏得老闆的讚賞、同事的敬佩！

下面是一些具體方法：

當你情緒低落、精神緊張或感覺沉悶，並且辦公桌上的工作被擱置時，立即請同事幫忙打一些文件；請送信員與你一同處理大量要寄出的信件；若你需要解決一個複雜的計畫，把它分化成數個小單元，一天完成一、兩個；或給自己一個完成工作後的獎勵，如到海灘享受日光浴。

要是你還不清楚要點，可考慮以下的方法：

❶在你最苦惱的時候，停止工作十五分鐘，離開辦公桌，去喝杯水或散步，然後當你重新返回崗位時，就有一股新氣氛，令你更易投入工作。

❷若工作實在太多，不知從何入手，給自己訂一個完成日期吧！不管工作由你一人去做，還是有別人參與，都要以那個「日期」為目標。

❸資料亂七八糟，不管是誰也興趣索然，請把所有東西收拾好，只留下你將要處理的資料，這樣可以減輕壓力，使你工作更舒服。

曾有一位高階經理說：「半年前，老闆要我在兩個員工中選擇提升一人。甲的工作表現一向良好，乙則在情緒穩定時表現傑出。最後甲獲得晉升，因為我需要的是一個隨時都能效命的助手，而不是一個間歇性創造奇蹟的人。」由此可見，穩定的情緒對工作的重要性。那要如何保持穩定的情緒呢？

❶先將工作環境布置一下，放一些精緻的小擺設、禮物和綠色盆景吧！它們會在你心情不好時，貫注一道暖流；何況，有親切的東西陪伴左右，你的心情一定會好許多，工作起來更起勁。

❷當你心情煩躁時，要少拜訪客戶。邀約朋友共進午餐，可以緩和緊張的情緒。抽屜裡不妨放些消

遣用的雜誌，在緊張、苦悶的時候，或許會派上用場。

❸你必須學會把煩惱都先藏起來。若工作因你的情緒問題被弄得一團糟，還有誰願意去理會你的情緒呢？

如果你一向在工作上表現出色，卻因為失戀不能集中精力工作，頻頻請假，午餐時常常向友人訴苦，以致浪費兩個多小時……過去的努力換來的地位將會毀於一旦，這也太不值得了吧！

若一些私事令你情緒低落，工作又並不太忙碌，索性放一天假，處理私事或消遣一下，先把情緒穩定下來。可是，工作堆積如山，怎麼辦呢？不妨先把精力都集中在工作上，甚至超時工作，把工作提早完成，當一切做妥後，那種滿足感和成就感，或許就能超過你的傷感呢！

做一個井井有條的人

現代人每天的生活就像是上緊發條的時鐘，忙碌的上班族每天都有打理不完的瑣事，既影響了心情，又降低了工作效率。

在生活中，做一個井井有條的人，既能省時，又能創造經濟效益。如果善於利用時間的話，每天至少有整整一小時，可以用來做更有效率、成果更好的事。不然的話，這一小時很容易白白浪費掉。

你如果按照科學的方法，經過一番訓練，時間、精力都能發揮最大的作用，所得的報償自然相對提高，獲得更多的利益。這也正是邁向成功之路的祕訣。

很多年前我就發現，大多數人無法如期完成工作的原因，是他們已經不清楚自己該做什麼才好。他們把該辦的事、該回的電話全忘了，自己應該發出去的信不知怎麼還壓在辦公桌的抽屜裡，拖來拖去，當然沒辦法準時交差。

這樣的後遺症，造成了人管不了事、事管不了人，完全失去控制的局面。他們寶貴的時間，並沒有用來完成有效益的事情，反而全浪費在解決雞毛蒜皮的小事上面。

一天下來，早就累得人仰馬翻，身心俱疲，哪還有力氣思考什麼長遠的計畫？更別提處理大事了！當然，他們的確累得要命，工作也很賣力，但是他們忙得沒有結果。

我們該怎麼扭轉頹勢呢？就從清理你的辦公桌開始吧！

成功者的辦公桌是什麼樣子？你一定會認為這個題目有點小題大作。是整整齊齊，還是滿桌子的資料？該進該出的檔案，是否都成了積案？四周是不是貼滿了提醒你做這做那的小紙條？

如果你對以上問題的答案有任何一個是肯定的，那你的辦公室就和大家的辦公室沒什麼兩樣。在大多數公司裡，似乎每個人的桌上都是一團亂。不過我想問你一個最基本的問題：「我們為何要把東西全都堆在桌子上？」

答案很簡單。我們把檔案夾、留言字條，全往桌上擺，想提醒自己別忘記。我們以為只要自己看見這堆東西，就會記得動手處理，可是往往事與願違，這些小紙條不是常常不翼而飛，就是被埋在層層資料之下，只有在電話猛然響起，或是有人找上門來，向你討這要那時，我們才會猛然想起，事情拖了大半天還沒做。

要把事情整理得井井有條，其實很簡單，一旦上了軌道，你會發現要保持這種習慣並不困難。到了你確定清理書桌的那天，請把門關上，準備好垃圾桶，「這份是什麼文件？這檔案怎麼到我手上的？我打算怎樣處理它？」

要是你想不到它還有什麼保留的價值，馬上把它扔掉！你桌上至少有百分之六十的東西都可以扔掉。要不然就放進回收筒，或是改發給別人。

把桌上堆的東西都處理完後，也別忘了把你貼在牆上、電腦螢幕上的便利貼都仔細看過。要是你再勤快一點，何不大刀闊斧，把櫃子、窗台，還有其他你可能把檔案順手一擱、任其繁殖的地方，都一併清理乾淨。

這下子，你馬上就可以把亂成豬窩般的辦公桌，變得清清爽爽。待你一切就緒，手邊應該就會有一疊檔案夾放置著你想留著的檔案，你的桌上只會剩下筆記本、電話、電腦而已。

桌上堆的檔案都清理過後，接下來就輪到你辦公桌的抽屜啦！

你知道大家在抽屜裡都放些什麼東西嗎？要是把我看到的講出來，你八成會以為這些人是開博物館、雜貨店或搞古董買賣的。舉例來說，像是：面紙盒、過期的雜誌、報紙，甚至還有小食品。

當然，每個人的辦公桌，多少都有一個專堆雜物的抽屜，可是你不會讓每個抽屜都變成垃圾場吧！只要花一點工夫整理，你就可以把抽屜中不必要的東西清得乾乾淨淨。抽屜清光了，你就可以把桌上重要的檔案夾放進來。一般人大約在半小時內，就可以完成這些工作。完成之後，把你歸入「保留」一類的檔案放回檔案夾，再把這些檔案夾，根據時間的排列，歸入抽屜。

辦公桌內多半有一個抽屜，是設計成專門放檔案夾的。你要把這個抽屜當成一塊沃土來好好照料。你最常翻閱的檔案和資料，應該放在隨手能拿到的地方，至於有保管價值但你很少看的檔案和資料，不應占著辦公桌附近的位置，應該放到專門的檔案抽屜，或是辦公室的其他檔案櫃，或公司的中央檔案系統。

還有，你可能不會再翻閱（除非有大麻煩發生）但非留不可的檔案，應放在可搬動的檔案箱中，放到辦公區域以外的地方。

抽屜裡要有許多備用的檔案夾，當你想開新檔案夾的時候，順手一拿，然後寫上這個檔案的標籤，不要浪費時間去打字，雖然打字的標籤看來整齊美觀，但要一個個打字，是相當耗時的工作，尤其是當你只打一個標籤的時候。

在你為辦公桌進行大清倉時，會發現自己積了一堆期刊、刊物、雜誌、報紙等等，但這些你都想留著看，怎麼辦？我建議你做一件非常有益的事：剪報，把有用的資料留下來，建立閱讀檔案。

在這個瞬息萬變的世界上，誰能快速活用資訊，誰就掌握了高度的競爭優勢。所以要是有信件、備忘錄、刊物、報章雜誌等傳到你手上，先快速瀏覽一遍，看看有沒有你可以立刻派上用場的內容。

如果這份資料的確很重要，就立刻看完。若是沒那麼緊迫，就先把它放在你預備好的專用剪報閱讀檔案夾中。等到你有空了，再打開這個檔案夾，看看有沒有重要資訊，用完的資料，要記得歸入適當的檔案，或者你也可以針對某個主頁開個檔案夾，把相關的資料都放進去。

每天早晨做的第一件事應該是安排這一天的大事表，先把新的工作加進大事表中，然後按照你的安排進行工作。大事表第一頁寫完了，就另起一頁繼續寫，不要擠在空白的地方。等你完成了大事表上約半數的工作，就逐一劃掉，下班回家前，記住再看一遍大事表，想想隔天最重要的工作，然後為自己排定時間，寫在行事曆上，便於隔天一早就動工。這也是非常好的省時省力的工作祕訣。

人心所向，眾志成城

如果你仔細地去看成功者，會發現他們有一個共同之處，那就是他們的人際關係都很廣泛。只有擁有了廣泛的人際關係，才能建立起一個龐大的資訊網，這樣就比別人多了一些成功的機遇和橋梁。

美國前總統柯林頓能夠成功的贏得競選，也與他擁有廣泛的人際關係分不開。在他競選過程中，他那些高知名度的朋友們扮演著舉足輕重的角色。這些朋友包括他小時在熱泉的玩伴、年輕時在喬治城大學與耶魯法學院的同學，及日後當羅德學者時的舊識。他們為了幫助柯林頓成功，四處奔走，全力支持。所以柯林頓當選總統後，不無感慨的說：朋友是他生活中最大的安慰。

根據《行銷致富》（Marketing to the Affluent）一書作者史坦利（Thomas Stanley）的說法，「成功是一本厚厚的名片簿。更重要的是成功者廣結人際網路的能力，這或許便是他們成功的主因。」百萬富翁們不僅曉得有誰被蘊藏在他們厚厚的名片簿裡，更願意把這些資源與其他百萬富翁分享。

要有成功的人際關係，你不僅須用基本常識去「感受」，更要有極大的行動去「執行」。

「人際網路前進後的意義，其實比一般人所能想像得到的都還深遠。」這是魏斯能（Barry Wishner）為他的書《不上，則下》訪問了二百八十位企業總裁後所發表的感想。他說：「那些企業總裁們，非常致力於發展互需關係。雖然每個人都有他們如何步步高升到金字塔頂端的精彩故事，但大多數人把他們的成功歸功於身旁的人的提拔。」

根據美國作家科達（Michael Korda）的說法：「人際網路非一日所成，它是數十年來累積的成果。如果你到了四十歲還沒有建立起應有的人際關係，麻煩可就大了。」

要想成功，就必須有一個好的人際圈子，僅憑一個人的能力是很難完成自己的事業的。要有人願意幫你，不斷地給你提供各種資源，你才能有更多的成功機會。但是，人際關係的圈子是需要你來培養的，只有用真誠和愛心才能鞏固人際關係。也只有團結他人，你手中的力量才會更強大。

一個人的力量是有限的，但再大的力量也是由點滴個人力量聚集而成。如果人心所向眾志成城，就會以最小的代價，獲取最大的成功。

人際關係有時比能力更重要

社會上有這麼一種人：他們能力超群、見解深刻、才華橫溢，但同時他們也恃才傲物，認為自己比別人優秀，是不可或缺的人，因此狂妄自大，不能很好地與周圍的人打好關係。這種人雖然很優秀，卻總是與成功擦肩而過。

如果有人問這樣的問題：一般人才與頂尖人才的真正區別在哪裡呢？肯定會有相當多人毫不猶豫地回答，是「才能」。他們甚至會瞪大眼睛發出疑問：除了能力，難道還有別的？因此，在成功的天平上，他們會把所有的砝碼都擺在能力這一邊，忽視品德，忽視人際關係，忽視其他種種。

然而，培養了無數成功人士的哈佛大學商學院的一項調查，恐怕會讓這些人跌破眼鏡：在事業有成的人士中，百分之二十六靠工作能力，百分之五靠家庭背景，而人際關係則占百分之六十九。

可見，要想成為出類拔萃的頂尖人才，並不能僅僅靠提升才能，更重要的是拓展你的人際關係，提升你的人脈競爭力。只有這樣，你才能脫穎而出，取得事業的成功。

相對於專業知識的競爭力，一個人在人際關係、人脈網路上的優勢，就是人脈競爭力。哈佛大學為了瞭解人際能力對一個人成功所扮演的角色，曾經針對貝爾實驗室頂尖研究員做過調查。

他們發現，被大家認同的專業人才，專業能力往往不是重點，關鍵在於「頂尖人才會採取不同的人脈策略，這些人會多花時間與那些在關鍵時刻可能對自己有幫助的人培養良好關係，在面臨問題或危機時便容易化險為夷」。

他們還發現，當一名表現平平的研究員遇到棘手問題時，會去請教專家，但往往因為沒有回音而白白浪費時間；頂尖人才則很少碰到這種問題，因為他們在平時就建立了豐富的人際關係資源網，一旦前往請教，立刻便能得到答案。

在二十一世紀的今天，無論是保險、傳媒、廣告，還是金融、科技、證券等各個領域，人脈競爭力都是一個日漸重要的課題。專業知識固然重要，但人脈也同樣重要。從某種意義上說，人際關係是一個人通往財富、榮譽、成功之路的門票，只有擁有了這張門票，你的專業知識才能發揮作用。

很多人意識到了人際關係的重要性，因此成為頂尖人才，成為成功人士；也同樣有很多原本優秀的人卻沒有意識到這一點，他們表現出了優秀的工作能力，卻不注意建立自己的人際關係，因此總是缺少外在的助力，做起事情來事倍功半。

碧妮大學畢業後進入一家公司工作，她執著地認為只要自己努力工作，展現出超人的工作能力，必然能夠做出一番事業，獲得重用並步步高升。可是一年過去了，碧妮雖然表現出了出色的工作能力，但薪水並不比那些表現一般的同事高，職位也沒有得到晉升。

碧妮很不服氣，於是工作起來更加努力。她認為只要自己足夠優秀，總有一天上司會看到她的能力與才華，從而給她加薪晉職，把她當做公司的棟梁。但是，又一年過去了，碧妮還是在原地停留。

相反，與她同時進公司的同事已經是獨當一面的主管了，薪水也比碧妮高出許多。碧妮終於忍不住，向公司裡唯一與她要好的同事抱怨自己的懷才不遇。然而，沒想到的是，同事卻很直接地告訴她一個令她感到震驚的原因。

原來碧妮雖然非常出色，但由於她恃才傲物，認為自己比別人都優秀，因此沒把同事放在眼裡，平時也就缺少了對同事的尊重，與同事的關係沒處好。上司即使知道碧妮工作很出色，但擔心如果讓她升主管的話，同事們會不配合，這樣會不利於公司工作的開展完成，所以一直遲遲未敢重用她。就這樣，工作細心、處事粗心的碧妮，怎麼也沒想到，自己竟然是因為忽略了人際關係，而一直未受到重視與提拔。

這個事例必然已經給了你啟示。如果你已經認識到人際關係對於一個人成功的重要性，那就從現在開始，用心建立自己的人際關係網路吧！

成功建立關係網的關鍵是選擇合適的人、建立穩固的關係。

所謂合適，首先是就性質而言，要適合自己。與自己生活工作有關的領域，要建立關係，而沒有這樣的聯繫，也就不存在建立相應的人際關係。二是就數量而言。我們強調人際關係的重要，並不是要人們漫無邊際地建立無數的關係，關係網並不是越大越好，否則就會因為應付這數不清的關係而叫苦連天。三是注重品質。品質的標準可以是多方面的，前述適合就是一個，此外如影響、作用等等。只有把握了這幾個方面，建設起來的人際關係才是合適的、健康的。

關係網中的人，你應該列出哪些人是最重要的，哪些人是比較重要的，哪些人是次要的。這要根據自己的需要來定。這樣，你自然會明白，哪些關係需要重點維護，哪些關係只需要保持一般聯繫，從而決定自己的交際策略。

你還應該對關係進行分類。生活中一時有難，需要求助於人的事情往往涉及許多方面，你需要各方面的幫助，只從某一方面獲得幫助是不夠的。

有專家指出，一般來說，良好、穩定的人際關係核心，必須由十個你所信賴的人組成。這首選的十人可以是你的朋友，或是事業上與你緊密聯繫的人。為什麼將人數限定為十人呢？因為這種牢不可破的關係網需要你一個月至少維護一次，十人就足以用盡你所有的時間。否則窮於應付，會影響你自己做事的。

所謂穩固，就是要在適合的前提之下，盡可能地讓關係網的結構少些動盪，網上的結點少些變化。因為編織關係網是要投入的，變化頻繁不僅是對關係網的破壞，也會增加投入。同時，相互關係維持得越久，也才越牢固，越有價值。

那麼，怎樣保持穩固的人際關係呢？首先，保持聯繫是建立成功關係網絡的一個重要條件。「關係」就像一把刀，常磨才不會生銹。若是半年以上不聯繫，你就可能失去這位朋友了。所以，不要與朋友失去聯絡，不要等到有麻煩時才想到別人。「有用時是朋友」的實用主義做法，必然會傷害人際關係的健康。

其次，必要的「感情投資」也會使你的關係網更加牢固。記下關係網中的人的一些重要日子，比如生日或結婚紀念日，在這些特別的日子裡，哪怕只給他們打個電話，他們也會高興萬分。當他們升遷的時候，向他們表示祝賀；當他們處於低谷時，向他們表示慰問，並主動提供幫助。當你的商務旅行地點與哪一個關係成員接近時，應盡可能去拜訪他們……

此外，你還應該不斷提升自我，增加個人魅力。素質高而有魅力的人容易得到別人的接納，這是人之常情。在交往中，一定要注意禮儀。謙謙君子比一般人更容易獲得對方的好感，窈窕淑女同樣能給人留下良好的印象。

除此之外，更要注重提高自己的專業素養，因為人都喜歡與優秀的人才交往，潛意識裡都渴望與比自己優秀的人建立關係。

好萊塢流行著一句話：「一個人能否成功，不在於你知道什麼，而在於你認識誰。」即使你確實是一位非常優秀的人，也不要以為自己擁有卓越的才能就能獲得成功。

學著去建立自己的人際關係網路吧！只有建立起自己的人脈網路，你才會享受到人脈帶給你的好處，你才會深刻認識到：一般人才與頂尖人才的真正區別更在於人脈，而並非僅僅是才學和能力。

你不可能獨立做好所有的工作

對自己有充分的信心絕對是一個優良的品質，但對自己的信心應該建立在理性的基礎上，否則就容易暴露出自己因自大而產生的無知。就像你相信自己完全有能力做好一切一樣，而事實上，很多事情，你肯定需要別人的合作。

很多擁有高學歷的人，尤其是初入社會的年輕人，往往過於看重自己獲得的學歷和十幾年來學到的系統知識，在步入社會時表現出自負和自傲。

他們總是過分相信自己的能力，認為憑藉個人一己之力就可以把工作輕鬆做好，不需要別人的幫助，更沒有必要讓別人將自己的工作成果分一杯羹，因此不屑於與人合作，甚至把與人合作看做是有辱自己身分的事情。

然而，在實際工作中，這種個人英雄主義是最要不得的，因為你不可能獨自做好所有事情。即便是那些最為出色、最為能幹的人也不可能。相反，有些人之所以傑出、之所以成就卓越，正是因為他們有著出色的合作意識和調動他人合作的能力。

就此而言，成功從某種意義上來說，並不像有人所說的「靠自己」，而是「靠別人」。一個人的能力是有限的，要想開創一番事業，必須靠更多的人形成一個團隊、一個群體。只有與人合作，才能把工作做好。

賈霸在大學裡學的是電腦專業知識，進入一家軟體發展公司半年後，被選拔進入了一個重要的研發小組。當聽說上司非常欣賞自己的電腦應用能力，才決定讓他參加研發小組時，賈霸不禁有些沾沾自喜，甚至驕傲起來。

但他很快就發現，有些人雖然電腦應用能力不如他強，但卻具有豐富的研發經驗和卓越的研發能力。特別是阿律，貌不驚人，寡言少語，拿出來的方案卻閃耀著智慧的光芒，讓許多自詡科班出身的人自慚形穢。

自己的方案多次被否決之後，賈霸意識到：單靠個人的力量，這個研發課題是很難攻克的，只有與人合作，才有望取得成功。於是，他立刻放下「架子」，一邊暗中努力學習，一邊虛心向別人請教。

同時，他誠懇地幫助別人，別人也樂意指點他。特別是，當他主動幫助阿律解決了一個問題之後，阿律立即毫不猶豫地傳授了他幾招實踐中摸索出來的經驗。這個課題完成之後，賈霸的業務能力大為提高，自然贏得了上司的青睞。

一位哲人說過：你手上有一顆蘋果，我手上也有一顆蘋果，兩顆蘋果交換後，每個人還是一顆蘋果；如果你有一種能力，我也有一種能力，兩種能力交換後就不再是一種能力了。

每個人都應該認識到個人的能力是有限的，一個人永遠無法做好所有的事情。即使一個人精力無限充沛，也不可能做好所有的事情，所以合作是必要的，也是必需的。尤其是在這個分工越來越細密、工作越來越複雜的社會，合作幾乎是唯一可行的工作方式，企圖拒絕合作而獨立行事，幾乎就是妄想。

有一家大公司招聘高層管理人員，九名優秀應聘者經過面試，從上百人中脫穎而出，闖進了由公司老闆親自把關的複試。

老闆看過這九個人的詳細資料和初試成績後，相當滿意，但此次招聘只能錄取三個人，於是老闆給大家出了最後一道題。他把這九個人隨機分成甲、乙、丙三組，指定甲組的三個人去調查嬰兒用品市場，乙組的三個人去調查婦女用品市場，丙組的三個人去調查老年人用品市場。

老闆解釋說：「我們錄取的人是用來開發市場的，所以，你們必須對市場有敏銳的觀察力。讓你們調查這些行業，是想看看大家對一個新行業的適應能力。每個小組的成員務必全力以赴。」

臨走的時候，他又補充道：「為避免大家盲目展開調查，我已經叫祕書準備了一份相關行業的資料，走的時候自己到祕書那裡去取。」

三天後，九個人都把自己的市場分析報告遞到了老闆那裡。老闆看完後，站起身來，走向丙組的三個人，分別與之一一握手，並祝賀道：「恭喜三位，你們已經被錄取了！」隨後，老闆看著大家疑惑的表情，哈哈一笑說：「請大家找出我叫祕書給你們的資料，互相看看。」

原來，每個人得到的資料都不一樣，甲組的三個人得到的分別是本市嬰兒用品市場過去、現在和將來的分析，其他兩組的也類似。

老闆說：「丙組的人很聰明，互相借用了對方的資料，補齊了自己的分析報告。而甲、乙兩組的人卻分別行事，拋開隊友，自己做自己的，形成的市場分析報告自然不夠全面。

「其實我出這樣一個題目，主要目的是考察一下大家的團隊合作意識，看看大家是否善於在工作中合作，團隊合作精神才是現代企業成功的保障！」

合作精神是一個人踏入社會所必須具備的基本素質。沒有合作精神的人必然會遭遇挫折和失敗。當然，合作精神的培養與形成，也不是三天兩天的事。那麼，怎樣才能加強與同事間的合作，把自己培養成一個有團隊精神的人呢？

1 善於交流

同在一家公司工作，你與同事之間一定會存在某些差別，知識、能力、經歷造成你們在對待和處理工作時，會產生不同的想法。交流是合作的開始，你要把自己的想法說出來，並且多聽聽對方的想法。

2 對待同事應該平等友善

即使各方面都很優秀，即使你認為靠自己一個人的力量就能解決眼前的工作，也不要顯得太張狂，因為你以後肯定會碰到自己的弱項、需要別人幫助的時候。所以還是與同事做個朋友吧，友善地對待對方。

3 對待工作應該積極樂觀

心情是可以傳染的，沒有人願意和一個愁眉苦臉的人在一起。即使遇上了十分麻煩的事，也要樂觀。你要對你的夥伴們說：「我們是最優秀的人，肯定可以把這件事解決。」

4 經常站在同事的角度想一想

你要努力去瞭解別人、理解別人，從別人的角度來分析問題，這樣既能減少不必要的摩擦，又能增進友誼、促進合作。

你可以試著把自己放在對方的位置，問一下自己，會怎樣想、怎樣做。別人之所以那麼想、那麼做，一定有他的原因。如果你能站在同事的角度考慮問題，就會使大家合作得更愉快。

5 勇於接受批評

一個對批評暴跳如雷的人，每個人都會對他敬而遠之。如果我們能把同事當成自己的朋友，坦然接受他的批評，那麼他一定會樂於與我們合作。

慢慢學著與人合作，你將會變成一個善於合作的人，你的業務能力將會大為提高，必定會做出更大的成績。不要再幻想自己有三頭六臂、七十二變，可以做好所有工作了，伸出合作之手吧！

讓朋友為你添磚加瓦

世界上有三借：借人、借勢和借錢，這都是成事之道。

借人、借勢是聰明人常用的一種成事之道，它可以利用對方的優勢來彌補自己的不足，至少可以彌補自己的才智、人力之不足。這很容易令人想起《三十六計》中的「借刀殺人」，此計告訴人們：「借」字為利用他人成事之要訣。

「利用」一詞似乎帶有貶意，但與朋友合作，互相幫助的確是成就事業的一種方式。如果能養成「他山之石亦可攻玉」的合作之道，那麼這樣的人定將會大有作為。

俗話說：「一個好漢三個幫。」「多個朋友多條路。」「朋友」是兩彎相映的明月，講究一個肝膽相照，義字當先。朋友在競爭激烈的現代社會裡顯得日益重要，善於利用朋友往往使你的生活自在快樂，而且會有很多機遇。因此，培養一種利用朋友的習慣，實際上就等於你的成功有了希望。

舉個利用「朋友」除掉隱患，並借人借勢成事的案例：

三國赤壁大戰之時，不習水戰的曹操大軍，由於重用了熟悉水戰的荊州降將蔡瑁、張允，使曹軍的水戰能力有了很大的提升。當周瑜乘船察看時，發現曹軍設置水寨，竟然「深得水軍之妙」。人們知道揚長避短可以以劣勝優，而防敵變短為長可以幫助你揚長避短，於是，周瑜暗暗下決心，「吾必計先除此二人，然後可以破曹。」

真是無巧不成書，在周瑜正絞盡腦汁謀定策略之時，曹操手下的謀士、周瑜的故友蔣幹來訪，周瑜一眼就看出蔣幹的來意，一是說降，二是刺探軍情。於是，就想出了一條利用「朋友」的妙計。

周瑜當晚大擺筵席，盛情款待蔣幹。席間，周瑜大笑暢飲。夜間，周瑜佯作大醉之狀，挽住蔣幹的手說：「久不與子翼（蔣幹的字）同榻，今宵抵足而眠。」

當軍中打過二更，蔣幹起身，見殘燈尚明，周瑜卻鼻鼾如雷。在桌上堆著的一疊來往書信的公文中，蔣幹發現了「蔡瑁、張允謹封」等信，蔣幹大吃一驚，急忙取出偷看。

其中寫道：「某等降曹，非圖仁祿，迫於勢耳。今已賺北軍困於寨中，但得其便，即將操賊之首，獻於麾下，早晚人到，便有關報。」蔣幹尋思，原來蔡瑁、張允竟然暗結東吳，於是將書信藏在衣內，到床上假裝睡覺。

大約在四更時分，有人入帳低聲呼喚周瑜，周瑜故做「忽覺之狀」。那人說：「江北有人到此。」周瑜喝道：「低聲！」又轉過頭來朝著蔣幹喊了兩聲，蔣幹佯裝熟睡沒有作聲。

於是，周瑜偷偷走出營帳，蔣幹趕緊爬起來偷聽，只聽得外面有人說：「張、蔡二都督道：『急切間不得下手』……」後面的話聲音更低，什麼也聽不清楚。不一會，周瑜回到帳內又睡了起來。

蔣幹在五更時分，趁著周瑜熟睡未醒，悄悄離開，溜回江北，他向曹操報告了所見，並交上那封偽造的書信，曹操勃然大怒，立即下令斬了蔡瑁和張允，當兩顆血淋淋的人頭獻上之時，曹操方才恍然大悟說：「吾中計矣！」

周瑜利用蔣幹這個老朋友，巧妙地借曹操之手，一舉除掉了兩個最大的隱患。這樣，才有了流傳至今的赤壁大戰火燒曹營的壯舉。

常言道：「在家靠父母，出門靠朋友。」年輕人更需要朋友來充實自己的生活和事業。

香港著名的聖安娜餅店的創始人——霍世昌靠朋友得以發跡，可以給你許多有益的啟迪。霍世昌是聖安娜餅店的創始人之一。但屈指一算，這餅店成立至今已有好幾十年的歷史了，他當時只是一個二十二歲的毛頭小子，當人們向他提出此一疑問時，這位老闆笑著回答道：「我是靠借錢開餅店，靠朋友發財的。」由如此爽脆的答案中，你應該明白他當時的情形。

「當時我在電燈公司工作，是有關技術維修方面的。那時還未結婚，但已有女朋友，她很喜歡弄些點心、蛋糕之類食品，味道嘛，真是不錯。她是跟一位師傅學習的。我便想，徒弟已經有此成績，師傅當然更好，因此便興起開餅店的念頭。

然而那時的西餅業在香港並沒有呈現出現在的這種蓬勃勢頭。我想這是一項有作為的生意，便跟她的師傅商量研究。我倆都贊成這個計畫，但最重要的問題是資金缺乏，於是，便決定找朋友支持。我先是做出一份包含預算、地點、資金、經營方針等詳細內容的可行性計畫書。然後，便找一位朋友商量。當這位朋友看過後，他很順利地接受了計畫書。我們三個人便成為合夥人，直至現在。」當初靠借錢開餅店，現今每年都增設一間分店，一九九七年香港回歸後，聖安娜餅店的生意更好了。

遠親不如近鄰，借身邊的朋友之力，將會對你的事業大有幫助。

這不僅是例子，是故事，更是啟示。假如你是一個善借高手，朋友會為你的成功「添磚加瓦」。

善借他人之力

在現代社會中，經濟迅速發展，各行業各部門之間的競爭非常殘酷，單靠一個人的能力是很難取得事業的成功的。因此，必須借用別人的力量，才能取得事業的成就和創造燦爛的人生。

西元二〇〇〇年，美國富比士雜誌評出的五十位中國富豪中，其中第二十四名的張果喜，就是善於借別人的力量為自己辦事的高手。

張果喜素有「巧手大亨」之稱，他看准了佛龕在日本市場的潛力，就招聚公司員工進行分析、達成共識，使產品在日本市場一炮而紅，成為日本佛龕市場的老大哥。

公司為了經營的需要，在日本委託了代理銷售商，但一些富有眼光的日本商人看到經營這種佛龕有大利可圖，為了賺到更多的錢，就想繞過代理商這一關，直接從果喜實業集團公司進貨。

張果喜仔細地考慮了這件事情。

從眼前利益來講，從廠方直接訂貨，就減少了許多中間環節，有利於廠方的銷售，然而卻破壞了與代理商之間的關係，同時佛龕在韓國和臺灣也有相當大的生產能力，代理商如果背向自己，與韓國或臺灣生產廠家掛鉤，豈不影響本公司的利益嗎？

張果喜果斷地回絕了那些要求直接訂貨的日本朋友，並且把情況轉告給代理商，向代理商表示，公司在日本的業務全部由代理商處理，公司不通過其他管道向日本出口佛龕。

代理商聽後，很受感動，在佛龕的推銷和宣傳方面下了很大的功夫，並且在日本市場打出了「天下木雕第一家」的金字招牌；從而使張果喜公司的佛龕在日本市場上站穩腳跟。

一個人，縱然是天才，也不是全能的。尼采鼓吹自己萬能，結果發瘋而死。所以一個人要想完成自己的事業，就必須要利用自己的才智，借助他人的能力和才幹。這就要求在事業的征途中，恰當地選擇人才。

王石是萬科公司的董事長兼總經理，也是一位善借他人之力的智者。他在經營萬科的過程中，曾多次向社會招聘賢才。

L君原是萬科公司的一名職員，但不知什麼原因，忽然不辭而別，被聘到一家酒店做業務經理。王石在公司與L君一起工作的時候，發覺L君很有才幹，且上下左右的關係也處理得非常融洽，就這樣讓他辭職實在可惜。而且自己在有些方面存在不足，L君又恰恰有這些方面的長處，兩人若是能取長補短，不是更好嗎？於是王石左思右想，花了很大力氣，終於說服了L君重新加入萬科公司，而且當年在L君的配合下，齊心協力，為公司賺了幾百萬元，使得公司營業額超過兩億多元，在深圳五家上市公司中名列第二。

萬科成功的奧祕當然不只是借用人才之力一個原因，但是善於借用人才之力，顯然是其第一的重要因素。

現代社會已經進入了資訊時代，掌握了資訊，就等於掌握了市場，掌握了主動。資訊的閉塞，就可能使人貽誤戰機，遺憾終生。廣泛地結交朋友，借助他人獲取自己所需的資訊，也是取得事業成功的重要手段。

Chapter

8

做大事不能憂柔寡斷

成功過後也許就是失敗，而失敗過後也會迎來成功。所以，人們要對二者有一個正確的態度和觀念，即使成功了，也不驕傲；相反，就是失敗了，也不氣餒。

做事要多謀，還要善斷

成功者的突出特點就是性格果決，多謀善斷。決策果斷是人格心理的優良品質，它影響到人行為的成敗。缺乏果斷品質的人，遇事優柔寡斷，在做決定時，往往猶豫不決，而在做出決定之後，又不能堅決執行。缺乏迅速果敢和機動靈活應變能力的人，只能坐失良機。

在《三國演義》一書中，關於諸葛亮多謀果斷的故事，有很多描述。

西蜀的街亭被司馬懿奪走之後，司馬懿又率大軍五十萬要奪取諸葛亮駐守的西城。當時城中只有兩千五百名老弱殘兵，這是一座空城。面對強大的敵人，戰也不能戰，守也守不住，又不能逃跑。

在這千鈞一髮的困境中，諸葛亮毫不猶豫地隱匿兵馬，城門大開，令少數幾個老兵裝作平民百姓打掃街道。他自己則登上城樓，面對城外而坐，彈琴，飲酒，怡然自得，好一派永慶升平的景象。正是這「空城計」，使司馬懿愴惶逃走，諸葛亮扭轉了戰局，由敗轉勝。諸葛亮決策果斷，堪稱典範。

影響果斷品質的因素有多種：

1 有廣博的知識和豐富的經驗

謀略與知識是密不可分的，只有知識面廣才能足智多謀，孤陋寡聞的人，只能導致智力枯竭。諸葛亮在未出茅廬之時，就上知天文下知地理，對天下大勢瞭若指掌，已經制定了東聯孫吳，北拒曹魏，三分天下有其一的對抗戰略。可見他能果斷地制定「空城計」的謀略也就不足為奇了。

2 充分評估、認真研究

果斷是經過充分估計客觀情況，認真研究和掌握交往對象的各種情況而產生的謀略。

曹操率領百萬大軍進犯江東孫權疆界，東吳朝野上下，主戰主降者各執一詞，孫權也猶豫不決。出使東吳的諸葛亮，詳細分析了曹操的各種情況。諸葛亮認為，曹操號稱百萬之師，其實不過四、五十萬，而且投降兵將多，軍心不穩，沒有戰鬥力；再加上曹兵皆北方人，不服南方氣候、水土、不習水戰，難以致勝。

這樣的分析，使孫權點頭折服，接受了諸葛亮的東吳與西蜀聯手抗曹的謀略。這從降到戰的轉變，正是由於分析和掌握作戰對象的情況而制定的。

諸葛亮設計「空城計」，也正是他經過深思熟慮後對司馬懿心理狀態的正確判斷。正如諸葛亮後來所說：「此人料吾生平謹慎，必不弄險，見如此模樣，疑有伏兵，所以退去，非吾冒險，概因不得已而用之。」

3 多方設想，靈活運用

對較為複雜的交往活動，為了實現謀略，往往需要同時設想多種方案，以便能選擇最理想的交往謀略去指導交往。

4 把握時機，適時地做決定

俗語說：「機不可失，時不再來。」交往的謀略要適合一定的機會，一定的謀略總是在特定時間和地點，在特定條件下才能成功，謀略也是隨著時間、地點、條件的變化而變化。

在《鋼鐵是怎樣煉成的》一書中曾講述過這樣一段故事：保爾．柯察金在途中見到自己的戰友朱赫來被敵人的一個士兵押解著。這時，保爾的心狂跳起來，猛然想起自己衣袋裡的手槍。於是決定等他們從身邊走過時，開槍射死敵方士兵。

但是一個憂慮的念頭又衝擊著他：「要是槍法不準，子彈射中朱赫來……」就在這一剎那之間，敵方士兵已走近面前，在這關鍵時刻，保爾出其不意地一頭撲向那個士兵，抓住了他的槍，死命地住下按……朱赫來終於得救了。

這段故事充分表現了保爾．柯察金的這個決定是果斷有力的。果斷不同於冒失或輕率。果斷是經過深思熟慮，充分估計客觀情況，迅速做出有效的決定；在根據不足，又容許等待時，善於等待，並進行準備；在情況發生變化時，又善於根據新情況，及時做出新決定。

一把抓住問題的要害

怎樣才能找準做大事的切入之道？首先一點是，要有高瞻遠矚的目光，又要有明察秋毫的眼力。「百智之首，知人為上；百謀之尊，知時為先；預知成敗，功業可立。」即做事，能一把抓住問題的要害，這是成大事的必要條件。

所謂知人，就是善於瞭解人，有知人之明；所謂知時，就是善於洞察世事，能夠掌握做出決斷的條件；所謂知成敗，就是能夠根據上述兩個方面，對軍事、政治等各個方面的發展變化做出預測，並同時為取得最好的結果而積極準備。

《孫子兵法》裡有這樣一段著名的話：「知己知彼，百戰不殆；不知彼而知己，一勝一負；不知彼，不知己，每戰必敗。」可謂是古往今來的戰爭總結。

「知彼」的情形十分複雜，包括對對方的將帥、士氣、作戰能力、所處形勢等所有方面的綜合瞭解。如果說「知彼」難的話，「知己」就更難，所謂「當局者迷」，人們往往很難對自己做出客觀的評價。如果既能客觀地評價自我又能全面地瞭解對手，那麼就會無往而不勝了。

在「知彼」的諸多方面中，瞭解彼方主帥的性格、謀略、為人、心態、志向等因素恐怕是十分重要的，也是首要的。只要能吃透對手，對他的意圖了然於胸，那主動權也就牢牢在握了。哪怕己方不如對方，只要能把握住對方，也不至於大敗，這就是所謂的「惹不起，躲得起」。

歷史上還有很多著名的政治家，他們往往有如神算，似乎上知千年，實際上，他們也是平凡普通的，只不過善於根據社會形勢、人事去分析得失成敗以及各種力量的對比發展罷了。

所以，高瞻遠矚就成了政治家必不可少的素質，所謂「人無遠慮，必有近憂」，說的就是這個意思。而具體的世事變化之後，總有一定的發展規律，把握了規律就能有正確的預測。歸納起來，不外乎從社會發展、形勢變遷、人事轉化三個方面入手。

《三國志》中有一篇著名的「隆中對」，是諸葛亮在隆中回答劉備有關天下大勢的諮詢。在這席冠絕千古的談話中，諸葛亮未出隆中就三分天下，而其後的形勢也正是根據他的預測發展的，諸葛亮可謂是一位「國際形勢預言家」了。

但細看這篇「隆中對」，就可看出諸葛亮對天下大勢的論斷、局勢的把握不是靠能掐會算給看出來的，而是完全依據現實形勢、人事的全面瞭解和細緻周密的分析而做出的。

還有很重要的一點，就是他一出了隆中，就盡心盡力地輔佐劉備，可謂鞠躬盡瘁，死而後已。正是靠了他的努力，劉備才得以與曹操、孫權抗衡而三分天下有其一。

看來，要想做一個政治預測家，不能以隔岸觀火的悠閒態度來對待世事，只有參與和投入其中，才能有比較深入的瞭解與正確的預測。從這個意義上講，他就不僅是政治預言家，還是政治活動家了。

相對來講，預知成敗並具體操作，要比單純的知人和知時要困難得多了，因為它是一項「綜合工程」。

司馬懿的兒子司馬昭，也可謂有知人之明，亦有政治家的才幹。他在派大將鍾會和鄧艾伐取蜀國時，做了一番細緻獨到的分析，可謂把鍾會和鄧艾緊緊地捏在手心裡，不論二人反與不反，都逃脫不了司馬昭的控制。

當初，司馬文王（司馬昭）想派遣鍾會征伐蜀國，下屬邵悌求見文王說：「臣認為，鍾會的才能不足以擔當統帥十萬大軍征伐蜀國的任務，否則只怕會有不測，請您再考慮考慮別的人選。」

文王笑著說：「我難道還不懂得這個道理嗎？蜀國給天下興起災難，使黎民不得安寧，我討伐他，勝利如在指掌之中，而眾人都說蜀不可以征伐，人如果猶豫膽怯，智慧和勇氣就會喪失乾淨，智慧和勇氣都沒有了，即使他勉強去了，估計也打不了什麼勝仗，只會大敗而歸。

只有鍾會與我們主意相同，現在派鍾會伐蜀國，一定可以滅蜀國。滅蜀之後，即使發生了你所顧慮的事情，他又能做什麼呢？凡敗軍之將不可以與他談論勇氣，亡國的大夫不可以與他謀劃保存國家，因為他們心膽都已嚇破了。

倘若西蜀被攻破，殘留下來的人震驚恐懼，就不足以與他們圖謀了；中原的將士各自思鄉心切，就不肯與他同心了，倘若作亂，只會自取滅族之禍罷了。所以你不必對這件事感到擔憂，只是不要把我的這些話告訴別人。」

等到鍾會稟告鄧艾有反叛的跡象，文王統兵將往西行，邵悌又說：「鍾會所統領的軍隊超過鄧艾五倍，只要命令鍾會逮捕鄧艾就可以了，不值得您親自領兵去。」

文王說：「你忘記了你前一陣子說的話嗎？怎麼又說不必我親自去呢？我自己應當以信義對待他人，他人也不應當辜負我，我怎能先對人家產生疑心呢？近些日子中護軍賈充曾向我說：『是否有些懷疑鍾會？』我回答說：『如果我派遣你去了，難道又可懷疑你嗎？』我一到長安，事情就會自行結束了。」司馬昭的軍隊到長安時，鍾會果然像司馬昭所預料的那樣，已經死去了。

司馬昭深知二人必反，但又派二人前去，這是用其勇。的確，如果不是鄧艾出奇兵從陰平小路偷襲成都，蜀國還不知道何時才能攻破。正是由於鄧艾和鍾會兩人的內外夾攻，蜀國才毀於一旦。

但二人皆有反心，必然相互牽制，所以，鍾會先是逮捕了鄧艾，宣布反叛，然後又被部將所殺，鄧艾亦被亂兵所殺，二人取了成都，卻又拱手送給了司馬昭。

而且即使鍾會在蜀地反叛成功，司馬昭也不怕，因為他早已斷定，蜀地人心不可用，鍾會成不了大事。況且司馬昭聽到鍾會報告鄧艾反叛的消息，即起大兵西去，眾將不解，其實司馬昭用意不在對付鄧艾，而在對付鍾會。可以說，司馬昭實在是計出萬全了。

洞若觀火的政治預測，歷來被傳統智謀視為較高的境界。因為政治預測要比軍事預測複雜得多，政治預測是包括了軍事因素、經濟因素、政治文化和人事因素等諸多因素的一種綜合預測，其內容包羅萬象，其關係錯綜糾葛，若有一處考慮不到，就會產生重大的失誤。

因其並不像算命那麼簡單，能從紛繁複雜的資訊中突見端倪，需要大學問也需要大智慧，所以能夠做出成功的政治預測的人，已不是一般的政治家，而是預言家，先知先覺者了。

同樣，我們做別的事，也應當如此，否則你兩眼模糊，就會被假象所惑，看不清事情的本質，從而浪費許多精力。因此最成功的成事之道在於——抓住要害再動手！

厚臉皮做人，硬頭皮做事

漢代的大辭賦家司馬相如外遊歸川，回來的路上路過臨邛。臨邛縣令久仰司馬相如之名，恭請至縣衙，連日宴飲，寫賦作文，好不熱鬧。

此事驚動了當地富豪卓王孫。卓王孫原是趙人，秦人移民時遷來臨邛，以治鐵致富，家有萬金，奴僕千人。聽說來了個才子司馬相如，也想結識一下，以附庸風雅。

但他仍脫不了商人的庸俗，故而實為請司馬相如，名義上卻是請縣令王吉，讓司馬相如作陪，司馬相如本看不起這班無才暴富之人，所以壓根兒沒準備去「陪宴」。

到了約定日期，卓王孫盡其所能，大擺宴席。縣令王吉因平日依仗卓王孫錢財之事甚多，所以早早就到了，但時辰早過，司馬相如卻沒有來，卓王孫如熱鍋螞蟻一樣，王吉只好親自去請。

司馬相如正在高臥獨飲，駁不過王吉面子，來到卓府，卓王孫一見穿戴，心中早已懷瞧不起之意，心想自己是要臉面之人，請來的卻是這樣一個放蕩無禮之輩。司馬相如全然不顧這些，大吃大喝，只顧與王吉談笑，早把卓王孫冷在一邊。

忽然，司馬相如聽到內室傳來淒婉的琴聲，那琴聲不俗，司馬相如一下子停止了說笑，傾耳細聽起來。卓王孫原被冷在一旁，訕訕地無意思，今見琴聲引住了這位狂士，於是誇耀說這是寡女卓文君所奏。司馬相如早已癡迷在那裡，忙請求讓卓文君出來相見。卓王孫經不住催促，派人喚出卓文君。

司馬相如一見卓文君，兩眼直勾勾愣在那裡，他萬萬沒想到這俗不可耐的卓王孫竟有這般美麗高雅的女兒。於是要過琴來，彈了一曲《鳳求凰》向卓文君表達愛意。卓文君心裡明白，愛慕司馬相如的相貌和才華，當夜私奔到司馬相如處，以身相許。經過商量，兩人一起逃回成都。

卓王孫知道後，氣得暴跳如雷，又是罵女兒不守禮教，又是罵司馬相如衣冠禽獸，發誓不准他們返回家門。

卓文君隨司馬相如回到成都後才知道，她的夫君雖然名聲在外，家中卻很貧寒。萬般無奈，他們只好返回臨邛，硬著頭皮託人向卓王孫請求一些資助，不料，卓王孫破口大罵：「我不治死這個沒出息的丫頭就算便宜她了，還想要我接濟，一個子兒不給！」

夫婦倆聽說父親的態度如此堅決，心都涼了半截，可是眼下身無分文，日子怎麼過呢？到底他們倆都有「才」，很快想出了一個「絕招」。

第二天，司馬相如把自己僅有的車、馬、琴、劍及卓文君的首飾賣了一筆錢，在距卓府不遠的地方租了一間屋子，開了一家小酒鋪。

司馬相如穿上夥計的衣服，捲起袖子和褲腳，又是擦桌椅，又是搬東西，卓文君穿著粗布衣裙，忙裡忙外，招待來客。

酒店剛開張，就吸引了許多人來。這倒不是因為他們賣的酒菜價廉物美，而是大家都前來看這兩位遠近聞名的落難夫婦。司馬相如夫婦一點也不感覺難堪，內心倒很高興，因為這正達到了他們的目的——給頑固不化的老爺子現現眼。

很快，臨邛城裡人人都在議論這件事，有的對這一對夫婦表示同情，有的責備卓王孫刻薄。卓王孫畢竟是一位有身分、有臉面的人物，十分顧忌流行一時的風言風語，居然一連幾天都沒有出門。

有幾個朋友勸卓王孫說：「令嬡既然願意嫁給他，就隨她去吧，再說司馬相如畢竟當過官，還是縣令的朋友。儘管現在貧寒，但憑他的才華，將來一定會有出頭日子，應該接濟他們一些錢財，何必與他們為難呢？」

這樣一來，卓王孫萬般無奈，分給司馬相如夫婦僕人百名，錢財百萬，司馬相如夫婦大喜，帶上僕人和錢財，回成都生活了。

司馬相如與卓文君的做法，頗有幾分潑皮無賴之相。套用一句俗說，這叫做「死豬不怕開水燙」，我已經走投無路，到了這步田地，還要那面皮做什麼？要丟人現眼，索性一塊兒丟了吧！

努力克服書呆子氣

有些人常常帶一種「書呆子氣」。這是一種不成熟的表現，這種現象主要發生在讀書人身上，主要有如下特徵：

❶處世不精明，不善於適應環境，不善交際，不懂人情世故。呆板木訥，說話做事多不合時宜，令人好氣又好笑。不知不覺就得罪人。

❷性格多半內向、孤僻，不好動，不合群。興趣少但專注，注意力常集中一點而不能靈活轉移，對所感興趣的事常沉醉癡迷，對興趣以外的事漠不關心。終日暈頭暈腦，糊裡糊塗，丟三落四，常常忘記自己要做什麼，或四處找手裡拿著的東西。

❸看問題偏激，易走極端。有時把簡單的問題複雜化，有時又把複雜的問題簡單化。處理事情要麼主觀武斷，要麼優柔寡斷。喜歡沉思、幻想，有時又易衝動。有時多心多疑、神經質，有時反應遲鈍。思想行為古板，不合潮流。

❹缺少組織能力、管理能力、決策能力，不會見機行事，隨機應變。處理事情常出漏洞，遇上麻煩多採取退避態度。常自命清高，與世無爭，又自以為是，固執己見。有誇大性自卑心理。喜歡引經據典，咬文嚼字。

❺生活散漫拖拉隨便，無條理，不善計劃安排。不拘小節、不修邊幅，常顯得窩窩囊囊、缺少派頭。但也有的恰恰相反，生活細節特別講究，非常拘謹，嚴肅，不苟言笑，一本正經。

書呆子氣是怎樣形成的呢？有書呆子氣的人幾乎都是書呆子，都與讀書有關係。但是，書呆子不是先天智力低下，不是神經系統發生了毛病。相反，他們的智商通常都較高，而且某些方面的知識比一般人要多。

只是因為他們終日把自己的興趣和自己的活動範圍局限於書本上，不與人打交道，不問世事，遠離複雜的社會生活，所以認識能力、思維能力便會形成一種刻板的固定模式，一旦離開書本，面對複雜紛紜的大千世界就一籌莫展，給人留下一個迂腐的形象。

心理學知識告訴我們，人的心理要能正常發展，除了必要的書本知識外，更重要的是社會生活經驗，是人與人之間的資訊交流。長期獨處，人的心理就得不到完善發展，就難以應付社會生活。

我們常可以在書呆子身上看到這樣兩種現象：有的少年老成，小小年紀就一副老先生的樣子。有人認為這是成熟的表現，實際上這是心理發展不完善、有缺陷的表現；有的人老大不小，說話行事卻顯得很幼稚，帶著童稚的天真，令人發笑，這也是心理發展不完善的表現。

不少人有書呆子氣自己並不知道，只是常感到自己缺乏為人處世的經驗，雖然給自己的生活帶來不少困難，但並不在意。甚至有的人把書呆子氣看做是清高，是讀書人的修養，因而瞧不起那些精明圓滑的人，認為他們狡猾、虛偽、勢利眼。

有的人一身書呆子氣，又不願意承認，便利用這種消極的自我防衛心理機制，自我辯護、自我安慰，這是不利於克服書呆子氣的。有的人一旦發覺周圍的人都將他看成書呆子，便感到很自卑、喪氣，誇大自身書呆子氣的嚴重性和書呆子氣對心理發展和個人事業前途的危害性，這就更影響自己克服書呆子氣的信心，加重書呆子氣。

實際上，人們對書呆子的評價一般都是很寬容的，一般人都認為：書呆子往往都是老實可靠的人，他們有知識，因為一心做高深的學問，所以才不懂人情世故；書呆子多是清高雅靜的道德君子，沒有那種庸俗的市儈氣，非市井小人可比；書呆子多半誠實、憨厚、不虛偽、不做作、不搞陰謀詭計；不背地裡整人；埋頭做學問，不問俗事，不爭名奪利。

所以如果你發覺自己是個書呆子，不要背上思想包袱，把它看成「不治之症」。當然，書呆子氣畢竟是一種不正常的心理現象，如果認為書呆子氣是文人的一種優良氣質，應加以保留或發展，則只能強化這種不正常的心理。

書呆子氣一經形成就不那麼容易改變，因為它已成為人的性格的重要組成部分。但也並非完全不可改變。以下是心理學家總結的建議，對改變書呆子氣會有所幫助：

1 解除消極的自我防衛機制

自我防衛機制是人為了保護心理免受創傷而形成的一種特殊心理功能，但它可起消極作用。一個人為了掩飾不符合社會價值標準、明顯不合理的行為或不能達到個人追求目標時，往往在自己身上或周圍環境中找一些理由來為自己辯護，把自己的行為說成是正當合理的。

像是把自己無能、不善為人處世說成是清高、不願與俗人同流合汙；明知自己一身書呆子氣，硬說這是文人的特徵、道德高尚的表現……等。這種自我防衛可以起到維護心理平衡的作用，但從心理學的認識失調理論看，人們只有在體驗著心理失諧的緊張痛苦時，才願意改變自己的態度，達到新的心理平衡。

如想改掉書呆子氣，必須充分認識到書呆子氣的弊病，為克服它提供充分的理由，以造成心理和諧。所以首先應解除消極的自我防衛機制，盡量不為自己的書呆子氣辯護。

2 積極主動地進行人際交往

形成書呆子氣的根本原因是埋頭書本，不喜歡與人交往，缺少社會經驗。又因為缺少社會經驗，不能應付複雜的社會生活，便採取退縮回避的策略，不與人打交道。

要打破這種惡性循環，必須強迫自己進行交際。多參加集體活動，感受集體活動的樂趣，培養活動興趣，培養對客觀事情的好奇心。通過與各種各樣的人打交道，通過實踐，瞭解人情世故，掌握處世藝術。並應像規定自己每天的學習任務一樣，規定自己每天的交往任務。同時，要正確估計自己的交際能力，估計過高易受挫折；估計過低，會使自己失掉交往的信心，影響自己的交往活動。

拒絕成為「阿斗」

俗云：「人往高處走，水往低處流。」人往高處走，要攀龍附鳳；水往低處流，為的是百川歸海。這都是要為自己尋找更好的去處。凡人，都有為自己爭取更好的生存環境和生活方式的願望，也都安於在優越的環境中生活。

爭取優越的生活環境和安於在這種環境中生活，都不是壞事，反而有益於社會的競爭和進步。但是反過來，一個人如果因為安於優越的生存環境，而把自己變成了廢物和低能兒，那就十足地不可取了。

以創業君主和守成君主來打個比方，比較能說明這種現象。創業君主，個個都有真本事、真能耐，知道人生的艱辛、命運的風險，且歷盡磨難，最後贏得社稷江山。

而守成君主就不然了，他們大多都是別人送給他們江山、送給他們榮華富貴，因此他們大多只知道占有和享樂，不知道尊貴和富有來之不易。結果沉醉在紙醉金迷的享樂中，最後斷送了自己的前程。

三國時的蜀漢後主劉禪是一個典型的例子。

後主劉禪是蜀漢先主劉備的骨肉，小名阿斗，以軟弱無能、丟失祖業在中國歷史上聞名。劉禪生於三國亂世，長於刀光劍影之中，長板坡劉備為曹操追殺，阿斗棄在亂軍之中。常山趙子龍血戰長板坡，戰袍盡被血染才救下阿斗小命一條。

有著這樣的父子血脈和豪悲身世，本應該蒙難勵堅，矢志成才，但這阿斗偏偏不成人形，在皇帝老子劉備的滋愛中，虛長年華，愧為太子。

阿斗當了皇帝後，仍然整日酒色遊樂，光復漢室的北伐征戰仍由蜀相諸葛亮一人擔下。諸葛亮六出祁山，北伐無功，最後命竭五丈原。

諸葛亮一死，蜀漢更是夕陽垂暮，將帥離心，帥才乏人，諸葛亮苦心物色的繼任帥才姜維也回天乏術。魏將鄧艾千里奇兵，越險而臨，亡了西蜀王朝。一片降幡出成都。

蜀漢滅亡之後，阿斗被押解至魏都洛陽，司馬昭為消解阿斗的帝王之志，整日酒舞為樂，誰想這正合了阿斗的習性。以致作為亡國之君，阿斗竟全無亡國之悲。當司馬昭問及阿斗可否思蜀時，阿斗回答：「此地樂，不思蜀。」說得司馬昭也樂了。這便是「樂不思蜀」成語的出處。

阿斗這種人，就是典型的因天生高高在上和憑空獲得榮華富貴，毫不知曉社會和人生，最後因養尊處優而變成了廢物和低能兒。低能的另一種意思，便是被生活斷然地淘汰和被他人任意地宰割。因此，處在君主和富貴位置上的人，更要警鐘長鳴，居安思危。

紙醉金迷時，養尊處優時，要獨處常想：它們來之不易，守之不易。如果沒有吃苦耐勞的優良品質，如果沒有蒙苦受難的創業鬥志，而白享非分之富，實是為禍不遠了。當然，在這種時候，一個人往往沒有這樣清醒的頭腦。

人生其實就是戰場，就是在文明的社會裡，競爭也是惱人和不留情面的。因此，人必須強健筋骨，居安思危。享樂，要有享樂的前提和資格，這個享樂的前提和資格就是堅韌的意志和不尋常的能力。

古希臘斯巴達人，就很懂這個道理。雖然他們天生就是貴族，高高在上，但是他們必須比誰都更能吃苦耐勞。男孩女孩，生下來就長在軍營中，赤身裸體，接受各種十分艱苦的訓練。遇到戰爭，他們當仁不讓地衝鋒在前。也正是這種艱苦的訓練和嚴酷的競爭，使斯巴達人保有了他們的貴族光榮。

也許尊貴和成功千古都是一樣的，不付出艱苦的努力和代價，只願坐享其成，天下沒有這樣的好事。就是一時有這樣的好事，也定然長久不了。像尊貴、權柄、財富這等事，一不留神就會弄出大禍來。從阿斗的尷尬人生中，你悟到了什麼？

主動推銷自我

一個人不管有天大的本事，如果不為人知，不被人發現，就像地下尚未被開採的煤，永遠也不會有出頭之日，得到人們的承認。在傳統的觀念裡，人們只知道知識的培養，卻不懂得自我表現，如今在這個充滿競爭的時代，如果不善於表現自我，就會被無情的競爭所淘汰，無法獲得成功。

在我上大學一年級的時候，剛開學時老師對同學們不十分瞭解，選班級幹部成了老師頭痛的事情，他也不知道應選誰好。後來，他說：「誰要認為自己有能力當幹部，就主動來找我，我會給他施展的機會。」

那時，我就想誰會去主動跟老師說，多不好意思呀！即使有這個能力，主動推銷自己，也覺得臉紅。可是出乎我的意料，我們班有個很不起眼的女孩卻毛遂自薦，當上班長。剛開始，大家都有點不服，像她這樣一個內向、不苟言笑的女孩，能勝任嗎？我們都有點看熱鬧的味道。

但事實並不像我們想的那樣，她在管理方面確實有兩下子，幫助老師把班級管理得井井有條，得到老師和同學們的高度讚賞。那時我十分感慨，如果她不主動推銷自己，即使她再有能力，也不會有表現的機會。

劉邦最初沒有重用韓信，這使韓信十分苦悶。他工作沒有幹勁，而且還和一群人犯了法，依照法律，要處以砍頭之刑。

執刑那天，當韓信前面的十幾個人都被砍了頭時，他忍不住心中的悲壯情感，面對監斬的人大聲呼喊：「漢王不是要爭奪天下嗎？為什麼要白白地殺掉英雄豪傑呢？」

監斬的人聽到韓信的話猛然一驚，覺得奇怪，便仔細打量韓信，發現韓信儀表堂堂，具有英雄人物的氣概，於是將他釋放。在交談中，他發現韓信十分有才華，志大才高，便把他推薦給了劉邦，從此韓信受到劉邦的重用，他的軍事天才也盡顯發揮。

說到這裡，也許有人會說：「自我推銷也得具備能力呀！」這個想法也正是大家十分關心的問題。

其實，自我推銷的時候，不一定得具備充足的能力，只要認為自己有這方面的潛力，就完全可以把自己推銷出去。

因為一個人的能力不是天生的，要不斷地在實踐中摸索、鍛煉，能力才能得以很好的提高與發揮。如果不給自己一個鍛煉的機會，即使有能力，也不會有施展的舞台，只能被埋沒住，這是十分令人惋惜的事情。

在生活中，有很多人抱怨沒有機會，但他們往往是坐等機會而已。如果沒有機會，就認為自己是一個不幸的人，覺得這個世界不公平。這種想法大錯特錯，具備這種想法的人，都是那些消極的人。一個積極的人絕不會慨嘆命運的不佳，他們多數都會主動出擊，為自己創造機會。

只要你做一個有心人，一定能找到施展才華的機會。能力在人，盡善在天，如果有能力有才華，不施展出來，就等於是浪費，一個人的生命是有限的，如果在有生之年不發掘出來，會抱憾終生。

自我推銷也是需要技巧的，正像推銷產品一樣，要有一個好的外包裝吸引人的注意力，從而順利地把自己推銷出去，所以要注意自己的儀表形象。社會心理學家曾做過這樣一個實驗：對兩組被試者分別加以打扮後，使其中一組看起來風度翩翩，另一組則顯得隨便，並令其分別走路時違反交通規則。其結果是：第一組闖紅燈時，尾隨者占行人總數的百分之十四，而第二組的追隨者只占百分之四，這說明人的服飾、穿著具有很強的感召力。沒有人會對一個蓬頭垢面、衣衫不整的人感興趣。

磨煉你的先見之明

平常我們說，在工作中要「眼觀六路，耳聽八方」，意即要拓展眼界，廣開言路，不要僅僅局限於鼻子尖上的一時一事。這其間的全方位中，又以向「前」看最為緊要，放開眼光，立足現在，預測未來，即先見之明。

有先見之明者，就是眼光為別人所不及，就是睿智為別人所不及，就是冷靜為別人所不及。先見之明所以重要，是因為沒有它就會犯錯誤。人無遠慮，必有近憂。先見之明能幫助我們避開面臨的危險，一個人有先見之明，他必定少走彎路。少走彎路，自然能夠較快成功。

看得遠，才能走得遠；走得遠，才能做得遠。

毫無疑問，工作中需要具有內心的準備和先見之明的能力。對自己的工作和上司的工作能瞭解，經常能有先見之明，任何事情若能搶其先機，先發制人，才是成功的捷徑。

在早上上班的尖峰時間，想搭公車去上班真是一件苦差事。因為每一部公車都是滿的，有時到站不停，車內人擠人，有時氣都喘不過來。可是如果在上班時，提前十分鐘或二十分鐘搭車，情形又不同了；乘客很少，而且有空位，在車上還可以看看報紙，只十分或二十分鐘之差，即有那麼大的不同，但大家都不願提前出門，寧願忍受擠車之苦。

工作有時就好像這種乘車的情形，明知制人於先機，就是成功的捷徑，但就是無法力行，這或許就是人性的弱點。

你要有洞察先機、先發制人的能力。因為競爭是真刀真槍的決鬥，只許贏，不許輸。聽古代劍術名家的故事，常有「在刀尖三寸前躲過」的描寫。對方揮刀砍過來，刀尖快觸到自己身體的一剎那，閃身躲開了。

可是對方也是高手，來勢猶如閃電一般，要躲開不是那麼容易。等到對方砍過來才考慮如何閃躲，是來不及的，必須靠條件反射作用，本能地閃開才行。不過，這些要靠長期磨煉才會有靈敏的直覺。在無意識中，對方的一舉一動都要明白於心，不然在真刀真槍的世界是站不住腳的。

經營事業也可以這麼說。無論什麼時候，公司都在激烈競爭的漩渦中，為了不在競爭中落後，必須將對方的想法、動向摸得一清二楚。

「遇到這種情形的時候，這個公司一定會採取這樣的對策，那個經營者的想法一是這樣……」如能料事如神，才能夠做到「我們公司應該用這個辦法應付；他們那樣我們就這樣」，事先有心理準備，公司就有應變的措施。

如果待對方採取行動才來研究對策，在這個變化多端、競爭激烈的時代，是註定要落伍的。要事事搶先一步，制敵於先機。

把競爭當成真刀真槍的決鬥也是必要的；真刀真槍地決鬥，只許贏，不許輸，輸了腦袋就沒有了。這個要求雖然苛刻了一點，但是要做一個成功的經營者，就必須往這個目標努力。

深事深謀，淺事淺謀，大事大謀，小事小謀，遠事遠謀，近事近謀，都必須具備深遠高明的見識與策略。計謀貴在高人一等，策略貴在遠人一著。能看到人們不能看到的，思慮人們不能思慮的，推算人們不能推算的，這才是遠謀大略。

你想永遠領先，就必須處處爭先，永遠爭先。先人一手，先人一著，而又不停止在這一手，這一著上，即使他人奮起直追，也仍然保持著那段距離，你總是處於領先的地位。這樣，不管面對什麼工作，都可以胸有成竹、遊刃有餘了。

Chapter

9

合作共贏，才能強大

都說「同行是冤家」。面對同一領域的競爭對手，很多人常常會怒目而視，相互排擠，非要爭個你死我活才肯甘休。其實，在同行業之間，競爭能夠催人奮進，合作也有利於在互惠互利的基礎上達成共贏，為大家創造一個良好的經營空間和利潤空間。

同行未必是冤家

一個人的力量總是有限的，如果能夠與同行業的競爭對手精誠合作，則會彌補各自的不足，借「對手」之力，達到雙贏的局面。一代奇商胡雪巖就非常注重同行間的合作，他說：「同行不妒，什麼事都辦得成。」

胡雪巖做絲業生意的時候，同行業就有幾家已經相當有規模，而胡雪巖卻沒有忌妒、傾軋對方，而是設法聯絡他們。湖州南潯絲業「四象」之一的龐雲繒「童年十五習絲業，精究利病……鎮中張氏（指張源泰）、蔣氏（指三松堂蔣家）初與公合資設絲肆，大售，眾忌其能，斥資以困之。公遂獨操舊業……數年捨去，挾資歸里，買田宅，辟宗祠，置祀產，建義莊，蔚然為望族。」可見，此人亦非等閒之輩。

胡雪巖為了將自己的絲業做得更大，便尋求對生絲頗為內行的龐雲繒的合作。與人攜手，資金充足，規模宏大，聯繫廣泛，從而在絲業市場上形成了氣候，胡雪巖也得以在華商中把持蠶絲的國際業務。

當然，與對手的合作是以利益互惠為基礎的，胡雪巖做生意得到了龐雲繒的幫助；反過來，他也向龐雲繒傳授了經營藥業的經驗，後來龐氏在南潯開了鎮上最大的藥店——龐滋德國藥店，與設在杭州的胡慶餘堂關係密切。

實際上，胡雪巖生意的成功很大一部分也得益於同行同業的真心合作。胡雪巖的每行生意都有極好的合作夥伴，而幾乎他的每一個合作夥伴，都對他有一個「懂門檻」、夠意思的評價。由此觀之，依靠對手、聯合對手的力量，非但不會影響到自身的經濟效益，更有利於以對方為靠山，發展和壯大自己的力量，保證自己的經營穩步前進。

市場總是一定的。一行生意，同行之間由於經營內容的相同，也就意味著要分享同一市場。對同一市場的分享，也就是利益的分享，因此同行間的競爭也是必然的和不可避免的，而為了各自的利益，同行間互相忌妒，以至於由忌妒到傾軋、競爭，成了同行間的常事。

在競爭中，或者一方取勝，另一方被迫稱臣；或者兩敗俱傷，第三者得利；或者一時難分勝負，雙方維持現狀，醞釀新的一輪競爭。這似乎是我們都能理解的，也似乎是我們大家都能認可的市場規律。

在這種循環中有沒有既不觸動對方利益、己方又能得利的第四條路可走呢？

胡雪巖走的正是這第四條路。他時時顧及到同行的利益，既為別人留餘地，也給自己開財路，保持了穩定的經營，達到了雙贏的局面。

由古至今，善於聯合對手的商人，總能打開別人難以打開的局面。有個地方叫「好客天國」，這裡白天是免費停車場，停滿了各種各樣的車子。晚上，則是小攤王國，擺滿了各式各樣的小吃攤，海北天南的風味小吃應有盡有。在這裡，顧客隨便坐在一家攤位上，吃了這家的食品，如果還想吃其他風味的，攤主馬上會派人取來奉上，結帳時只要向這家結就可以了。顧客感到非常方便，攤主之間也從未發生利益上的糾紛。這樣，彼此合作，相互依靠，既保證了自己的好處，又照顧了別人的利益。於是，有人存好了錢就從這裡起飛。阿達在這裡擺攤，賺了錢就跟一起擺攤的朋友合作開食堂。又賺了錢，跟更多的擺攤朋友合作，開了食品公司。他自己的財富，也迅速膨脹，上下班由世界上最有聲名的勞斯萊斯車專門接送。

相反，如果一個人只知經營自己的事業，把同行對手全都當作真正的敵人來對待，那麼他的利益必然不會長久。

香港漫畫家黃玉郎，曾經紅極一時，但是他對競爭者殘酷無情，對身邊助手和旗下員工也不友好，以致在他炒股失手時，競爭對手和周圍的人，或高價收購他的股權，或控告他帳目作假，或控告他抄襲他人作品，或控告他妨礙他人著作出版。於是，不但公司姓了別姓，別墅和轎車等被政府沒收，人還被送進監獄。世界同行都說，這是他過分注重自身利益，不顧他人的結果。

所以說，同行之間不僅要競爭，更要合作。依靠對手的力量，將眼光放遠，捨小利而逐大利，才能取得最大的利潤。

哪來那麼多「你死我活」

老闆們都是在競爭中成長起來的，從第一天投身到商海喝了第一口海水，他們就知道從商之路並無坦途，他們就明白了「競爭」這個詞的真正含意。「大魚吃小魚，小魚吃蝦米」是自然法則，唯一的選擇只能是，要麼你吃掉別人，否則就會被別人吃掉，社會發展就是這樣殘酷。

老闆們一次次的失敗，一回回的碰壁，讓他們在商戰中明白了一個道理：競爭就是你死我活，沒有調和的餘地。他們深信這一點，他們照著這樣去做。他們從來沒想過是不是還有另外一條路、另外一種方法去面對競爭，所以當他們聽說下面兩件事後才明白，原來競爭並不是那樣簡單與無情，才知道競爭還有更深層次的含義。

第一件事是歐盟確立歐元體系。這意味著大多數歐盟國家將打破國界，用一個原來根本沒有的貨幣來取代原來各國的貨幣，不同國家的老百姓到另外一個國家再也不用去換錢了。讓人驚訝的是，「象徵一個國家經濟獨立與主權的貨幣也能統一」？國與國都可以共同過日子了，我們區區百姓爭個什麼呢？

第二件事是波音與麥道兩家公司的合併。兩家世界上最大的飛機製造公司就這樣說合就合了，尤其讓一些老闆不理解的是，他們並不是過不了日子才合的，不說波音的「大哥大」地位，就說麥道手上的訂單還要加班做五年才能交貨，一年的利潤也在幾億美元。有些老闆百思不得其解，人家這樣的大公司到底是怎麼想的？

實際上，那種你死我活的競爭已經不適用了，「雙贏」原則，才是競爭的新法則。當今社會與其說是在「競爭」，還不如說是在「競合」。如何於大家都有利，如何避免兩敗俱傷，是目前市場經濟形勢下的競爭策略與原則。

競爭並沒有什麼不對，競爭恰恰是促進生產力發展的原動力，沒有競爭經濟社會就會死亡，企業就無活力。但是競爭是有前提的，合理的競爭與不正當的競爭有很大的差別，良性競爭是企業發展的動力，而惡性競爭則是企業前進的阻力。你死我活的競爭給企業與社會都會造成傷害。

良性競爭就是既合作又競爭，這種競爭的目的是為了打破壟斷，為了相互促進，為了行業整體的發展。在良性競爭的環境下，首先要有行業規範，有共同的行為準則，有相關的企業協調組織，以使所有競爭的企業都有一個公平的環境，同時又有一套大家都能共同遵守的準則，任何犯規行為都會受到譴責。另外企業是憑產品、憑服務品質與價格取勝，而不是靠廣告、靠投機取巧，更不是靠打擊別人來贏得競爭，良性競爭是「君子生財，取之有道」。

惡性競爭是你死我活，在這種情況下，大家都沒有規則，反正要置對方於死地，什麼招都可以使，什麼事都可以做，可以在廣告中貶低別人，可以在產品說明上造假，可以在法院裡告倒別人，甚至造謠中傷，產品裡下毒，無所不作，不是憑自己的真本事來證明自己好，而是通過貶低人家來抬高自己。

惡性競爭的結果往往以整個行業的形象為代價。消費者一開始是看猴戲，湊熱鬧，後來明白了，覺得上了當，就不相信了，結果是整個行業都遭殃。

競爭看起來是企業之間的事，實則不然，主導競爭的其實並不是企業而是消費者。消費者既是競爭的對象，也是競爭的評判者。他們並不關心競爭中誰勝誰敗，他們只關心競爭是否對他們有利，只關心能否通過競爭推動產品服務、品質、價格的改進。

在他們心目中，好的競爭不是此消彼漲，而是整個社會或行業的產品、服務水準的提高對他們最有益。如果打來打去，最後弄得消費者反感，那就只能此消彼消，到頭來不是被行業外的窺視者趁勢取代，就是被跨國公司順手牽羊。

競爭是把「雙刃劍」，用得好劈荊斬棘，一路向前，用不好反倒傷了自己，同歸於盡。對於企業老闆來說，尋求「雙贏」之路，應該是良性競爭之道。

讓同行說你的好話

在商品經濟和經濟日益發展的今天，越來越多的人投入到了商海之中。因此，人們在商界的交往便逐漸增多，怎樣讓商界的朋友讚美自己、彼此建立起親密信任的關係就顯得更加重要。也許有人認為「無商不奸」、「無奸不商」，所以商界根本沒有朋友可言，也不可能得到他們的讚美。

其實，這完全是一種誤解。

的確，商海風雨無常，競爭非常激烈而殘酷，但這並不等於說在那裡不存在友誼。應該看到，商人畢竟也是活生生的人，只不過大家從事的職業不同而已，所以彼此間一樣可以建立起深厚的友誼。

作為商人，如果能夠得到商界其他朋友的讚美，那麼一定如魚得水，遊刃有餘，成為商海弄潮的佼佼者。

1 真誠合作，消除猜疑

古代有則寓言，說的是有個人在山上丟了一把斧頭，懷疑被鄰居的兒子偷去。因此，他看鄰居兒子的一舉一動，包括走路的姿勢、臉部表情，都是像偷斧的小偷。過了不久，這個人上山去刨土，找到了丟失的斧頭，再看鄰居的兒子，動作和神情一點都不像是偷斧的小偷了，顯得很正常。

這則寓言告訴人們這樣一個道理——疑心生暗鬼。

有了猜疑之心，別人一句平常的話，也會聽出不同的含意，與己無關的批評，也要生硬地和自己拉扯在一起。本來是微小的誤解，也可能發展成難以彌合的鴻溝。

心理學分析專家科羅姆說過：「經常猜疑別人的人，也就不常被人愛。」這就是說，要想獲得合作，就得先信任人。

人心都是敏感的，以猜疑和算計之心與人交往，對方必然同樣待之。

現代社會中，人與人之間的合作，最忌諱的就是猜疑。商人做交易時要互不猜疑才能成交，合作時要互不猜疑才能取得成果，交往時要互不猜疑才能成為知心朋友。

壞人固然要防備，但壞人畢竟是少數，人不能因噎廢食，不能為了防備極少數壞人，連朋友也拒之門外。更重要的是，為了防備壞人而去算計別人，必然會使自己成為孤家寡人，既沒有了朋友，也失去了事業上的合作者，最終只能落個失敗的下場。

任何人的事業都是和人合作的結果，任何人的幸福都是與他人交往而獲得的。不學會與人合作，就難以成功；而要合作，就不能沒有根據地懷疑合作者。

尤其對於經商的人來說，由於人們都受「無商不奸、無奸不商」的思想影響和腐蝕，因而更容易猜忌和懷疑他人。所以真誠合作，消除猜疑這一原則就顯得更為重要。

2 眼睛不要總是盯在利益與金錢上

商人重利，這是確信無疑的事實。之所以會如此，就是因為經商的最主要目的就是贏利。一個無法獲利賺錢的人是無法成功經商的，即使去做也只能失敗。但是，絕不能因此而認為利益與金錢就是商人所追求的一切。

商人也是人，只不過是在商海中弄潮的特殊一群而已。這種職業的差異，並不能排除他們也有血有肉、有感情需要、有良知，有人類所共有的特徵。

因此，商界朋友之間的交往，絕不能局限於金錢和利益方面，尤其是在日常的交際中，更應該和別人少談金錢和利益，多談感情和其他方面的感受。如果你總是把眼睛盯在金錢和利益上，每一次談的都是金錢和利益，一定會讓對方感到你是一個惟利是圖、感情冷漠的純粹商人。

有了這種印象之後，別人不僅不會給你任何讚美，反而會對你提高警覺，防備被你所算計。

3 互通有無

與商界的朋友交往，一定要看清他們的主要特點，彼此才能建立起較為穩定和深厚的友誼。既然大家都是經商之人，那麼一定都對商業資訊和動態感興趣。因此，如果你能盡自己所知，把那些很有價值的最新資訊告訴對方的話，那麼對方一定會對你表示極大的感激。

一條有價值的資訊，可能會幫助他做成一筆大買賣，也可能會使他避免一次大失敗。你說他能不感激你嗎？同樣，當你這樣做了之後，對方也會無私地把他所知道的有價值的資訊告訴你。這就叫「投桃報李」。如此一來，大家的事業都會獲得發展和促進，可謂相得益彰，彼此的感情和友誼也會越發深厚。

4 說到做到，忠實守信

經商的人最忌諱的一點，就是欺騙他人，不守信用。

這種人有可能做成幾筆賺錢的買賣，取得暫時的成功。但是，時間一長，名聲越來越臭，人們都不願意與他合作或交往，其事業必然得不到大發展。因此，商界朋友間的交往，一定要做到「說到做到，忠實守信」。

當然，這並不是說，在任何情況下都能實踐自己說過的話。有時候，由於出現了各種困難而導致無法及時兌現諾言的事情也可能會發生。在這種時候，應該向對方坦誠說明原因，並提供補救之策，適當推遲日期，也是完全能夠得到對方理解的。

即使是死敵，見面也要握手

羅伯特是加州一個水泥廠的老闆，由於經營重契約守信用，所以生意一直很好。但前不久另一位水泥商萊特也進入加州進行銷售。萊特在羅伯特的經銷區內定期走訪建築師、承包商，並告訴他們：「羅伯特公司的水泥品質不好，公司也不可靠，而且有倒閉危機。」

羅伯特解釋說，他並不認為萊特這樣四處造謠能夠嚴重傷害他的生意。但這件麻煩事畢竟使他非常惱火，誰遇到這樣一個沒有道德的競爭對手都會憤怒。

「有一個星期天的早晨，」羅伯特說，「牧師講道的主題是：『要施恩給那些故意跟你為難的人』我當時把每一個字都記了下來。也就在那個下午，萊特那傢伙使我失去了一份五萬噸水泥的訂單，但牧師卻叫我以德報怨，化敵為友。

第二天下午，當我在安排下周活動的日程表時，我發現我住在紐約的一位顧客，正在為新蓋一幢辦公大樓要批數目不小的水泥。而他所需要的水泥型號不是我公司生產的，卻與萊特生產出售的水泥型號相同。同時我也確信萊特並不知道有這筆生意。」

「我做不成你也別做！」商業競爭的殘酷性本來就是你死我活，理所當然應該保密。這是經商之人的普遍心態，更何況萊特那混蛋還無中生有，四處中傷羅伯特。

但羅伯特的做法卻出乎常人的意料。

「這使我感到左右為難，」羅伯特說，「如果遵循牧師的忠告，我應該告訴他這筆生意。但一想到萊特在競爭中所採用的卑劣手段，我就……」

羅伯特的心理掙扎開始了。

「最後，牧師的忠告占據了我的心，我想以此事來證明牧師的對錯。於是我拿起電話撥通了萊特辦公室的號碼。」

我們可以想像萊特拿起話筒瞬間的驚愕與尷尬。

「是的，他難堪得說不出一句話來，我很有禮貌地告訴他有關紐約那筆生意的事，」羅伯特說，「有陣子他結結巴巴說不出話來，但很明顯，他發自內心地感激我的幫助。我又答應他打電話給那位客戶，推薦由他來提供水泥。」

「那結果又如何呢？」有人問。

「喔，我得到驚人的結果！他不但停止了散布有關我的謠言，而且同樣把他無法處理的生意也交給我做。現在，加州所有的水泥生意已被我倆壟斷完了。」羅伯特有些手舞足蹈。

「不要報復，化敵為友」，無疑是羅伯特在對付萊特這一過程中取得的最寶貴的經驗。

報復是甜美的、快意的。給小人以迎頭痛擊，想來該是多麼痛快。但請注意，那是上帝的特權，不是你的特權。既然你已在想像中嘗過報復的甜美，就趕快丟掉它。羅伯特當初不就曾想用一袋水泥砸碎萊特那肥胖的腦袋嗎？

在商業競爭中，如將自己的時間和精力浪費在向別人報復的過程中，你只能與成功失之交臂。報復是一把雙刃劍，在傷害對手的同時，也不可避免的傷及自己，甚至更為厲害。這樣對你的聲望同樣沒有任何幫助，不知內情的旁觀者還容易對你產生誤會。

進行報復，就證明你已在對手面前失去冷靜，失去冷靜的人必然失去理智。失去理智的老闆又怎能在變幻的商海中審時度勢，做判斷準確的導航呢？同時，對手也會明白他的所作所為已經傷害到了你。你對他的報復將會使他給你更大的報復，使你蒙受更大的損失。你要消耗更多的時間來進行自我防衛，這樣便陷入了漫長的拉鋸戰之中，你又如何在商場中把握機遇、謀求發展呢？你更應該明白的是，報復只能讓自己降低到對手的水準，抄襲他的戰鬥方式是不會有好結果的！

商界老闆應時刻提醒自己：在這個圈子裡，其目的就是要讓自己的公司發展壯大，實力增強。縱然商場如戰場，但畢竟不是快意恩仇的江湖：一言不和，拔刀相向！對待類似於小人的競爭對手，你最有效的方式不是避免謠言，澄清自己，而是對他置之不理。當然，你如果有「退一步海闊天空」的胸襟，一定會取得跟羅伯特一樣驚人的效果。那就是——伸出你的手，去握對手的手！

學會與各式各樣的人合作

常言道：「有奇才者必有怪癖。」這句話雖然有些偏頗，卻揭示了一個事實：有些人才往往有與眾不同的思維、性格、愛好。而以對待常人的態度來對待這些人才是不行的，對這些人才應該為他們創造自由發展的機會，更為重要的是，成功者要有容人之量，這樣不僅可以充分發揮出人才的作用，還能夠吸引更多的人才加盟到自己的陣營，為取得更大的成功創造條件。

從懂事起，我們其實就已經開始成為社會的人，成為社會的人的一個明顯標誌就是要與人相處，與人合作。我們人生學習的第一課，實際上也就是和別人相處。

最初，和我們相處的是我們的父母和兄弟姊妹；之後，有托兒所、幼稚園的老師和小朋友；再後，又有從小學到大學期間的老師和同學；等到我們步入社會，交際範圍進一步擴大，各式各樣的人物走進了我們的生活，和我們打交道，有些會成為我們一生的朋友、知己、伴侶。

除了和我們朝夕相處的生活伴侶，和我們打交道最多的，還是我們工作上的同事，生意上的夥伴，我們的下屬，這些人其實都是我們的合作者。

我們的合作者，我們的下屬，有些也會成為我們人生的朋友，而有些只是合作者、只是下屬而已，只有工作上的關係或者生意上的關係，不會有多少情感上的投入。

如何和合作者、和自己的下屬相處，看起來似乎是一個很簡單的問題，但在實際生活和工作中，並非如我們想像的這般簡單，其中也有許多人陷入了求全責備的錯誤觀念裡。

你可能在生活中聽過類似這樣的話語：

「怎麼能跟他合作，他這個人身上的毛病太多了！」

「他怎麼能跟我們搞這個項目，瞧瞧他那副清高的樣子！」

「他性格太孤僻，進我們公司不合適。」

「這個人個性太強，不適合到我們團隊裡。」

「像他這樣的廢物，做什麼都不行！」

「他這樣的笨蛋，還配到我的公司來！」

俗話說：「金無足赤，人無完人。」生活、做人的道理我們都懂，但一遇到具體的事情，我們卻常常犯類似上面話語中的毛病，即對合作者的要求超出了對一個普通人的要求，要求他盡善盡美，沒有缺點和不足；一旦發現或意識到合作者身上有缺點和不足，就開始求全責備，由於看不順眼對方身上的一些無關緊要的方面，而拒絕與對方合作。對待可能有這樣那樣缺點的下屬，批評的時候，不講究方式和方法，更不顧及下屬的「面子」。

這種由於非本質的好惡而排斥和對方合作的做法，是一種生活上的失利，事業上的一種挫敗，於我們人生、事業的發展不利。

是的，清高、孤僻、個性太強，這些有可能都是缺點和不足，然而問題是，這個人身上有著你這項工作、這筆生意、這個專案所需要的優點和長處，或者，他能夠為你的這項工作、這筆生意、這個專案的問題出主意、想辦法，甚至，他還可以澈底解決這個問題。

所以，當我們遇到類似這樣的問題，需要我們作出抉擇的時候，你首先要考慮的是你的工作、生意、項目，而不是你的合作者、你的下屬身上這樣那樣的缺點與不足。

更重要的一點是，如果你對合作者求全責備的時候，你也該想想，你也不是完人，也並非十全十美。如果你的合作者，你的下屬是十全十美的完人，他們會不會和你成為合作者，成為你的下屬？更何況，國與國、黨與黨之間尚可以進行「求同存異」的合作，現在不過是從事某項工作或做一筆生意，這個時候，你要想到你與合作者只是「有限合作」。

所謂「有限合作」，是指社會成員之間在某一方面、某種程度的合作。如對某項學術問題的共同興趣，某項技術的合作開發……等等。為了實現這種「有限合作」，我們可以不計其他方面的好惡，甚至，即使你的合作者、你的下屬「一半是天使，一半是魔鬼」也不要緊，因為你完全可以和那「一半天使」同遊天堂，而不要去管那「一半魔鬼」是不是要下地獄。

幾千年前，孔老夫子就曾語重心長地教導我們：「三人行，必有我師焉。擇其善者而從之，其不善者而改之。」看來，孔老夫子比我們一些現代人更懂得對合作者、對自己的下屬不能求全責備的道理。

美國的賈伯斯和沃茲是「蘋果II」個人電腦的開發者，他們一個重要的合作者是馬庫拉。其實，最初光顧賈伯斯和沃茲兩位年輕人的並不是他，而是唐．瓦倫丁。當唐．瓦倫丁來到賈伯斯的家中，卻被賈伯斯和沃茲邋裡邋遢外表給嚇壞了，他始終未敢問津這兩位怪怪年輕人的事業，而是把他們介紹給另一位創業投資家馬庫拉。

唐．瓦倫丁，一個因為和偉大的公司、偉大的創業機會擦肩而過而被人們熟知的人，他很可能是一個很好的人，但就是因為賈伯斯和沃茲的外表將他給嚇壞了，他因為求全責備而喪失了有可能是他一生中最重要的一次機會。但馬庫拉卻與他相反，沒有對賈伯斯和沃茲求全責備，而是與他們進行了深度的合作，所以他成功了，他抓住了人生中的一次最重要的機會。

所以，在我們的人生中，在我們發展事業的過程中，我們可能會遇到各式各樣的人物，有許多人肯定和我們不是同一類人，無論是志趣還是性格都與我們不合，甚至與我們格格不入，但這些都不要緊，要緊的是，他對我們的事業發展是不是有用。在這個時候，求全責備不是一種正確的態度。

與合作者相處要講藝術

合夥人及合夥時機的選擇固然重要，但合夥以後，合夥人之間的相處，保持恰當的合夥關係就成了重中之重。如果合夥人之間矛盾重重，各懷鬼胎，不能坦誠相見，必然會使企業停滯不前，直至走向破產。就像風雨中行駛的小舟，如果船員之間缺乏應有的配合，各自為政，必然逃脫不了船傾人亡的命運。

但是，至今為止沒有任何方法可以澈底解決這個難題，人們只能通過一些努力，加強自己的修養，使合夥人相互團結，最大限度地發揮合夥企業的作用。

經營之神松下幸之助曾經說過：「用人的關鍵在於信賴，其他都是次要。如果對同僚處處設防，半信半疑，一定會損害事業的健康發展。」

合夥人的經營管理理念不盡相同，個人意見很可能不被其他人採納和接受。若大家都能互相信賴，相互諒解，相信彼此都是為了把生意做好，就會精誠團結。可見互相信任是合夥企業成功的基礎條件。

如果你經過仔細調查和觀察，覺得對方可以信賴，是你理想的合夥人，就一定要推心置腹，充分信任。信賴是對他人人格的尊重，是人與人之間最寶貴的感情。沒有信賴，就不可能使合夥人充分發揮他的積極性和創造性。

當然，相信他人在生意場上是要冒一定風險的。除非你不打算合夥，否則就必須相信你的合夥人。一定要有「用人不疑」的氣度，才能使生意有更大的發展，千萬不可疑神疑鬼。各懷鬼胎的合夥生意，是不能長久的。

合夥企業可以集多人的優勢於一體，同時也把各自的利益絞在了一起。合夥人之間難免發生摩擦，搞不好還不如一個人做事。要克服這種局限，就必須利用坦誠相見這個潤滑劑。

首先，要對合夥人進行感情投資，使大家在和諧、團結的氣氛中一起工作，產生榮辱與共、休戚相關的團隊精神；其次，還要與你的合夥人多交流溝通，誠心誠意地交換看法。但是，不能把坦誠相見等同於簡單的直率，把信口亂說當作耿直，坦誠也需要用適合的方式來表現，最好是心平氣和、婉轉含蓄地私下交談，別讓第三者參與，以免產生不良影響。

「三人行必有我師」。聖人孔丘都認為自己有缺點和不足，作為凡夫俗子的我們則更是如此了，合夥人有自己的優勢，也有自己的劣勢。只有認識到這些，主動的在合夥人之間把優缺點挖掘出來，同時相互尊重、取長補短、優勢互補，才能充分發揮個人和集體優勢，在競爭中獲勝。

請牢記一點：合夥人的利益就是你的利益，只有通過合夥企業發展，才有個人的發展，這樣就能人我兩利、利義並重。有了這種心態，才能與合夥人友好相處。

儘管你做到了以上的每個要點，但是由於合夥人之間認識上的差異、資訊溝通上的障礙、態度的相悖以及相互利益的互斥，矛盾衝突在所難免。當破壞性的矛盾衝突發生後，合夥人就應該坐下來，通過協商的辦法來解決，但在協商中也應注意一些藝術的運用：

1 多做自我批評

合夥人之間的矛盾衝突是多方面原因引起的，有自己的原因也有對方的原因，還可能有第三者的原因，要想化解矛盾，就應該從自我批評開始，這樣會給對方造成負疚感，也會坦誠地把自己的錯誤找出來，不致將矛盾激化。當然，提倡自我批評並不意味著沒有原則地遷就對方，從某種意義上說，責己既是手段又是策略。

2 回避退讓

回避不等於逃避，而是為了防止矛盾激化，並在回避中等待解決矛盾的時機。當矛盾或分歧比較嚴重，並且一下子難以解決時，為了不使矛盾進一步發展到激烈的程度，應有意識地減少與有矛盾的合夥人接觸，避免正面衝突，使大事化小、小事化無。

3 求同存異

矛盾衝突的各方，暫時避開某些分歧點，在某些共同點上達成一致，以達到化解矛盾與衝突的目的。這是解決合夥人之間矛盾衝突而不影響企業正常運行的最好辦法。求大同、存小異，做到大事講原則小事講風格，在枝節問題上不苛求於人，這樣不但可以避免衝突的發生，還能調解或解除現有的矛盾衝突。

4 模糊處理

在特定的條件下，對於一些無原則性的矛盾衝突，可採取模糊處理的辦法。模糊處理，不是不問青紅皂白，而是衝突本身無法分清誰是誰非，若硬要分個是非分明，反而會助長對立，激化矛盾。模糊處理法是堅持原則立場處理無原則的衝突的最好方法。

給失敗者以慰藉

鮑伯．胡佛是美國著名的試飛駕駛員，他在空中表演的特技，令人嘆為觀止。一次，他表演完畢準備飛回洛杉磯時，在距地面九十多公尺高的空中，不巧有兩個引擎同時失靈，幸虧他反應靈敏，技術高超，飛機才奇蹟般地著陸。胡佛緊急著陸之後，第一件事就是檢查飛機用油，正如他所預料的，他駕駛的那架螺旋槳飛機，裝的竟是噴射機用油。

胡佛立即召見那位負責保養的維修工，年輕的維修工早已痛苦不堪。一見胡佛，更嚇得直哭。因為他的過失險些送了三個人的性命。這時，胡佛並沒有像大家預料的那樣大發雷霆，他只是伸出手抱住維修工的肩膀，信心十足地說：「為了證明你能做得好，我想請你明天幫我的 F-51 飛機做維修工作。」

從此，胡佛的飛機再也沒出過差錯，那位馬馬虎虎的維修工也變得兢兢業業，一絲不苟。

心地高潔的人深深懂得有過失的人的心理，往往能在別人出現過失時，善解人意、自我克制，出人意料地說出寬慰別人的話，使有過失的人恢復自信和自尊。

挫折和成功，同屬人生的部分，就像峽谷和高山同屬地球的一部分那樣。經常會有人在挫折面前意志消沉、自暴自棄，有的甚至悲觀厭世，走上絕路。當遇到挫折和打擊時，每個人都需要從他人那裡獲得理解和慰藉。而真誠的理解和慰藉，的確是起死回生的良藥。

日本有一位國會議員，因沒有成功地推行國防建設而在競選中慘敗。落選後，自然有人說些「深表同情」之類的好話，更多的人還忙著幫他總結經驗教訓，大談「既有今日，何必當初」。

議員當時心煩意亂，根本聽不進那麼多嘮嘮叨叨。那些嘮叨使他更加心煩和沮喪。但是有一位素不相識的人給他留下了終身難忘的印象。那人充滿信心地望著落選議員的眼睛，快快活活地對他說：「要忍耐，先生，看下一回。」然後轉身離去。

這位議員事後說：「不知怎麼回事，我總覺得這位不速之客的那句話是道陽光，他分明告訴我，他相信我一有機會就會再做，而且會做得更好。」下一回，這位議員果然當選了。他當選後說：「我第一個要感謝的就是那位信心十足地望著我的眼睛、快快活活地對我說下一回的先生。像那樣在我身上發生作用的話語，以前還從未有過。」

口頭上說：「我同情你呀！」是一回事，要真正給受挫折的人留下深刻印象，並在他身上產生實際的慰藉，就一定需要有對他人最深的理解、最大的同情和最堅定的信任。

土耳其在遭受希臘人幾個世紀的占領以後，決心把希臘人趕出自己的領土。一九二二年，土耳其民族英雄穆斯塔法·凱末爾對他的士兵發表一篇簡短的演說：「不停地前進，你們的目的地就是地中海。」於是，一場激烈的戰鬥展開了，土耳其人最終贏得了勝利。

當希臘的兩位將領前往凱末爾的大本營投降時，土耳其士兵對他們大聲辱罵。凱末爾當即制止，並且絲毫勝利者的驕氣都沒有顯示出來。他上前握住兩位將領的手，溫和地對他們說：「請坐，兩位先生，你們一定走得很累了。」在討論了投降的有關事項及細節之後，凱末爾沒有忘記慰藉兩位失敗者：「兩位先生，戰爭中有許多偶然情況，有時最優秀的軍人也會打敗仗。」

凱末爾即使在全國勝利的興奮中，為了長遠的利益，仍然記著這條重要的信條——慰藉失敗的人，讓他保住尊嚴。

比起凱末爾，我們的一些競爭者則顯得不夠大氣。每每看到一些人在別人的失敗面前沾沾自喜，得意洋洋，甚至向對手施以冷嘲熱諷。這種人雖然一時勝利了，但總讓人感到小家子氣太重，引不起敬意，並且容易招來怨恨和報復。

哲學家卡萊爾說過：「偉人往往是在對待別人的失敗中顯示其偉大。」

「好言一句三冬暖」，請記住先哲在洞澈人類心靈之後，留給我們的這句至理名言。

微笑，微妙

虛榮和自私使我們不願把榮譽、財富、權力、美女等世俗珍貴的東西，給予他人或與他人共用。而對手卻是來向我們爭奪這些東西的，我們對他們當然很不高興，進而十分敵對了。

但是不管我們高興不高興，對手依然真實地存在著。他們是那種有實力和我們競爭的人，和我們一樣有能力的人，和我們一樣比較成功的人，我們不太容易奈何得了他們。由於強力競爭的結果，雙方都不友好，公然對抗，常常從非利害競爭，升級為利害競爭而成為敵人和死敵。

這種結局大多讓人沮喪。試想，有敵人就不好了，一個有實力的敵人那不是更不好了嗎？我們必須化解這種對立，在它們還很小的時候，在它們還不是根本利益衝突的時候化解它。但是我們大多數人忽略了這個問題，他們甚至會一廂情願地將非利益之「敵」、非原則之「敵」、非立場之「敵」，轉化成沒有迴旋餘地的「死敵」。這就十足的不明智了，應該避免。

給對手一個微笑。微笑，很微妙。原諒他（她），讚賞他（她），或是對他（她）表示友好，你在親近他（她），微笑的確很微妙。

但是出於心理或情緒，這個很簡單的動作許多人卻做不出來，人很難主動地邁出這個化解敵怨的門檻。這仍然是情緒和心態壓住了理智，人應該用理智、理性、智慧戰勝自己的情緒和心態。

一個有能力競爭的人、一個有實力競爭的人、一個比較成功的人、一個在大場面角逐天下的人，更應該率身躬行。一個人，如果連他的對手或敵人都能夠寬容、理解、認同，那人們還對他顧忌什麼呢？的確，公正客觀地對待敵人或對手，這不僅是你化解某一宿怨的關鍵，也是你向天下表明胸襟的機會，這樣更容易得到天下人的好感。一個小小的「微笑」，竟能有這麼深的道理、這麼大的效應！

你不妨這樣試一下，給對手一個微笑，看看對方會發生什麼變化，是的，他（她）的表情、心態，以及他（她）以後的行為都會發生變化。你也測試一下你自己，看看你給對手一個微笑後，你發生了什麼變化，如你的胸襟、你的思想、你的行為等等。

如果你給了對手一個微笑，他（她）仍然積怨不化，仍然保持著他（她）僵硬的態度，繼續給你那張冷臉，你還會保持你的微笑嗎？下次你還會繼續這種微笑嗎？考驗一下自己！

競爭是光明磊落的比賽

現代社會宣導競爭機制，這就使得許多人成為你的競爭對手。而這些「競爭對手」，就是你的最大「敵人」。他們時刻對你存有威脅，使你處於不安之中，一旦稍不留心，他們就會乘虛而入，損害你的利益，甚至使你陷入人生的絕境之中。但是，我們要學會「愛」他們，和他們友好相處，達到人際交往的最高境界。

競爭無處不在、無所不在，商場中充滿競爭，官場中充滿競爭，情場上也充滿了競爭。我們與競爭對手之間，由於彼此利益的衝突而存在著難以逾越的鴻溝，但是，這並不意味著我們就必定或只能以不共戴天的姿態和爾虞我詐的狀態交往。

因為，你與競爭對手往往有著相近的素質和共同的追求，而且在競爭中彼此有了較為深入的瞭解。這些異中之「同」，使得你們更會產生惺惺相惜的感情，像古代俠客一樣「英雄惜英雄」；像現代國家關係一樣產生「戰略夥伴關係」。所以，如果你與競爭對手能夠做到求同存異、強調共識，並以此為出發點肯定對方、欣賞對方，你們就可以在競爭中化敵為友，友好地相處。

不過，一般而言，對於自己的「敵人」，人們總是以「恨」字當頭。若沒有他，我就是下任部門經理了；若不是他，她就會對我一心一意，我也不用老是擔心她會離我而去；若不是他，我就是桌球賽的冠軍……這些想法令我們咬牙切齒，不恨都不行。以上這些都是錯誤的想法，是「愛」敵人的最大障礙，我們一定要棄若敝屣，代之以正確的競爭意識。

什麼是「競爭意識」？是爾虞我詐、弱肉強食、詭計多端嗎？非也，競爭，是一種光明磊落的公開比賽，需要努力超越對方，也需尊重對方，坦誠以待。

競爭的終極目的不是打敗對方，而是最大限度地表現自己。根據心理學的觀點，競爭是自我實現、獲取他人和社會承認的內在心理需要。人人都想最大限度地發揮自己的潛能，人人都想比別人做得更出色，人人都想獲得比別人更多的鮮花和掌聲，所以產生了競爭。

既然如此，競爭的精髓就在於盡力發掘自己的潛能，令自己的表現最大化、最優化，而不是想方設法令別人表現失常、敗筆不斷。

若把競爭比做兩個人賽馬，正確的競爭就是訓練好自己的馬，並保持良好的狀態，爭取在比賽中奔馳如飛；而錯誤的想法是，想使別人的馬跑得慢，用陷阱甚至投毒，傷害別人的馬，影響馬的奔跑速度。

認清了競爭的本質所在，就能保持良好的競爭心態，正道直行，運用智慧和策略而不是陰謀去贏得勝利。要記住，競爭不是和別人比，是在和自己比，是對自己的考驗，任何不正當的競爭，都是對自我的否定和侮辱。

奧運會的各項比賽，都是源於人類對自我的挑戰和磨煉，是人類對自己體能極限的挑戰和磨煉。但是現在，許多運動員借助各類興奮性藥品，欺騙對手和觀眾，也欺騙自己，甚至運用男扮女裝等惡劣手段，令人為之可恥、可悲，最終落得個身敗名裂、自毀前程的可悲下場。對不良競爭意識的最佳詮釋和揭露，大家應引以為戒。除了正確理解競爭意識外，我們還應該培養良好的競爭態度。良好的競爭態度，包括以下幾個方面：

1 與對手坦誠以待

體育比賽中最驚心動魄的，莫過於拳擊比賽，拳擊比賽彷彿就是你死我活、血與肉的搏鬥。

拳王阿里一度稱霸拳壇多年，在他的回憶文章裡，記載了許多感人至深的行為：幾位曾經是阿里手下敗將的年輕選手，賽後找到阿里，請教如何出好勾拳。阿里退掉了已經訂好的飛機票，手把手地教他的對手，並把如何才能打敗自己的拳法也悉數教給對方。

這種做法，許多人都感到大為不解，記者們也蜂擁而至，對阿里進行求證和採訪。阿里則坦然地解釋說：「誰若能戰勝我，那就說明拳擊事業已經發展了，這是我終身不變的追求——發展拳擊事業。」

阿里無疑地獲得了人們的稱譽和讚美，而在這些讚美之中，最難能可貴的是他的對手們給予他的。

競爭不是什麼壞事情，它可以帶來進步的活力，使勝利者繼續前進，使失敗者奮起直追；使強者得到鼓勵，使弱者得到鞭策。最終使我們獲得共同的發展和進步，所以，應保持一個真誠的態度，友好地面對你的競爭對手。

2 與人競爭時不可抱有敵視他人的態度

在競爭中對他人懷有敵意、憤怒、煩躁以及挑釁，會使你失去心理平衡，導致人體的整個免疫功能下降，甚至使人精神崩潰。

相反地，對人友善，和競爭對手保持友好的關係，寬以待人，誠懇處世，則會使人健康、完美，保持人體的肌體愉快和安適。

你的敵視會引發相應的反感情緒，從而使雙方的競爭關係變得更加具有對立性和仇視性，陷入不良競爭的惡性循環。

3 學會誠懇地競爭

首先，是不要虛偽做作，誠懇地看待自己的長處與短處，既不矯情造作，也不文過飾非。另外，還要誠懇地對待別人的優點與成績。不必嫉妒和眼紅別人，也不必降低人格去阿諛逢迎別人，更不必設置障礙和陷阱，阻止別人獲得成功。

其次，要善意地對待別人在事業上出現的失誤和行為上的不足之處，不能惡意地嘲諷譏笑別人。在失敗的對手面前擺出一副趾高氣揚、不可一世的姿態，只能說明自己的無知、才能的淺陋及德行的卑劣。

最後，應當具有執著追求的品質，不應輕易放棄和鬆懈。應當把自己的眼光緊緊地盯在事業的價值上，不斷超越自我，完成對自我的實現，而非僅僅通過戰勝對手來取得別人的認可和讚美。

在自我實現的過程中，具體的競爭對手只是階段性的存在而已，絕不能因為勝過這些具體的人而滿足、滯步不前。競爭，不是一時的譁眾取寵，不是為了某些眼前的蠅頭小利，而是為了實現自我價值的最大化，顯示自我的能力和風采。

保持良好的競爭態度，才能學會「愛自己的敵人」，而要真正化解敵意，還需要防止競爭中的一大忌——嫉妒。

《三國演義》裡的周瑜才智過人、多謀善斷，有不少優點。但是，他有一個最要命的缺點，那就是嫉妒心太重。當他發現世上有一個比他更聰明的諸葛亮時，便心生妒火，欲除之而後快。不料，諸葛亮神機妙算，使周瑜屢屢失策，兩人鬥法的結果是，周瑜「賠了夫人又折兵」，終於抑鬱成疾，引發「金瘡崩裂」，臨終時仰天長嘆：「既生瑜，何生亮！」氣結而亡。

因為競爭不過別人，竟嫉妒至死，真令人可嘆可惜，想來你不會像周瑜那麼傻吧！亡了命，還給後人留下一個氣量狹窄的話柄。

Chapter

10

用心謀劃職業前程

一個人取得事業和社會中的成功，其中的因素是很多的，機遇、環境、心態、努力、工作……等等。但很重要的一點是，你取得成功要靠你自身的優勢。那麼，你瞭解自身的優點，自己的優勢嗎？

驅除十種最有害的想法

1 我的目標就是當總裁

不少人相信「不想當將軍的士兵不是好士兵」這句話。其實，現實生活中，將軍的位置很少，如果大家的目標都是想到最高層，那麼，這種主觀願望就會與客觀條件產生差距，使你在執行計畫時，產生許多挫折。因此，確定職業前程時要從實際出發，切實可行。

2 能當好下屬就能當好主管

有人認為，只要能把本職工作做好，就能升任主管。其實不然，優秀的運動員不一定是好教練，一些表現優異的工程師、業務等升任主管後卻表現不佳。這是因為主管還需要工作以外的條件，如決策能力、協調能力、組織能力等。所以，在某個職位做得好，並不表明你在其他職位也能做得好。

3 成功的關鍵在於運氣

很多人堅信成功是由於有好的機會，因此，他們被動地等待命運的安排，而不去主動地計劃、經營自己的生活，這種人只能守株待兔而已。

4 做計畫是人事部門的事

職業前程計畫是組織和個人雙方都參與的事，最終的實現者是個人。因此，你不能抱著做一天和尚撞一天鐘的態度來對待自己的未來。

5 只有加班工作，才能得到賞識

有些人認為，在公司待的時間越長，越能顯示自己的勤奮。其實，工作效率和工作業績是最重要的，整天忙忙碌碌但做不出成果，並不是一個有效的工作者。

6 由老闆決定升遷的快慢

如果過於迷信老闆對你升遷的影響，你會因迎合他的好惡而妨礙了自己真正的成長。如果你失敗了，又會歸咎於老闆，看不到自己的問題，這樣會使你走入歧途。

7 只有改正了缺點才能得到升遷

這種想法使人注意自己的不足，而忽略了自己的強項。一個人要完成自己的職位計畫，要依靠自己的優勢，將自己的強項發揮出來後，再去試著糾正弱點，這是揚長避短。

8 不管事大事小都要盡力去做

有些人總說自己忙，老有做不完的事，由於事無巨細，浪費了很多時間和精力。應該將要做的事做好計畫，分清輕重緩急，不要眉毛鬍子一把抓。

9 生活是生活，工作是工作，內外有別

有些人不願意自己的配偶過問工作，覺得沒必要讓他們瞭解自己的職業前程。其實，家庭的支援對於工作的成功是很重要的。

10 鄰家的綠地總是更綠更好

這就是常見的「這山望著那山高」的心態。總是覺得別人的工作更理想，因此產生跳槽的想法，而沒有想到在新的工作崗位要建立新的人際關係，面對新的矛盾和挑戰。其實不管從事什麼工作都是不容易的，都要有現實的態度。

不要踩事業地雷區

有不少人，常常工作做得好好的，卻突然停滯不前，令人難以理解，也讓他人困惑不解。這種人看上去，工作仍然盡心盡力，忠於職守，成績也不錯，但是為什麼發展步伐停頓了呢？

仔細分析原因，我們會發現雖然有一些個人主觀上的因素，但更為關鍵的是，客觀環境與條件已經變化。不少能力強，年紀輕的經理們在為公司開拓新產品、新市場、發展新客戶中勤勤懇懇，竭盡全力，但正是這種單純地認為，只要把自己的工作做好，為公司貢獻就行了的思想占上風，而忽視對周邊同仁、自己的下屬或上司的影響，沒有真正意識到他們仍然是事業成功的支撐和可以依仗的條件。

事實上，單靠事業有成，並不能確保在公司上上下下得到肯定，不斷地得到提升。要想在人才濟濟的大公司脫穎而出，茁壯成長，必然要考慮其他的因素和條件。

我們應該要有敏銳的判斷力和觀察力，應該瞭解同仁，深知自己與上司之間的關係以及上司的看法。為此有以下十個地雷區，必須認真瞭解：

1 對上司指示反應慢

耽延遲疑在克制花大錢的行動時是好的，不過對上司交代下來的事拖延，並不會對你有什麼好處。不能立刻照上司的指示行事，常給上司留下不樂意、不服從的印象。

2 不知道上司對你的要求

每個階層的幹部的存在都有一個原因，而且只有一個原因——讓他的上司看來有光彩、有成就。不信的話，去問問你的上司。如果你是公司老闆，那就去問問股東。

3 不懂得彼得原理

彼得原理是說每個人最終會晉升到他所不能勝任的階層。這道理幾乎人盡皆知，卻很少人覺得會適用到自己身上。一般人都覺得升遷是件值得恭喜的事，但並不是所有的升遷都對自己有利。不適合才能的升遷，不過是加速印證彼得原理罷了。

最常見的例子為優秀的業務員，因成績卓越，上司覺得非得擢升他為行銷經理不可，這位業務也許對管理工作毫無興趣，而且不能再直接從事他最擅長的行銷工作，這種安排對每個人都沒有益處。

4 不可小視企業文化的慣性

企業文化在許多公司裡確實存在，例如：每個人都穿西裝，你就不要穿T恤加牛仔褲；公司上下講求團隊精神，你就不要搶著出風頭；大家盡心盡力想完成工作，你就不要被下班時間所限制。如果你一定要與眾不同，就不應該在這些小事上與大家反其道而行之，而是應該在事業上比別人做得更好，取得更大成績才是。

5 不該講的話，不要隨便說

很多人的仕途突然停頓不前，很重要的原因是將不該說的話，講給不能信任的同仁聽，結果雖然在一時發洩了自己心中的不滿和怨氣，但卻招致「殺身之禍」。最好的宣洩辦法是，要講就在家裡講。隨便對外講，沒有不透風的牆，傳到上司或同仁耳裡，將使自己更加被動。

6 別一味取悅他人

真正能幹的主管受他人敬重，但不一定能得到全部員工的擁護。因為任何正確的決定並不會真正讓每一個人都高興和滿意，若僅僅是為了讓某些人滿意而做出錯誤的決定，只會失去更多的支持和理解。

7 更好的適應人事調動

當公司人事調整後，其主要目的是為了讓公司體制更為合理、有效。並不是為了針對你或哪些人而來。常常有人在這個問題上，鑽進牛角尖裡出不來，總是不自覺地把自己的言語行動與新主管對立起來，這樣的結果只能使新主管對自己更加不滿意，自然不會重用的，到頭來，總是自己吃虧。

較好的辦法是，對於新主管別出心裁的花樣，不更多地關注，仍然做好自己的本職工作，就是最好的應付辦法和自我保持的策略。

8 不要出爾反爾

對於公司出現的任何事情，你應該認真思考，謹慎行事，保持頭腦清醒。不管遇到什麼小事或突發事件，都能時常做出理智的判斷和決定，不能靠一時的猜測來回答問題。因為在任何小事上，如果你的態度和看法總是出爾反爾，會讓你的頂頭上司或同事認為，你這個人缺乏主見，大是大非上不清楚，缺乏穩定性，極不可靠。

9 對別人不要求全責備

如果你不能並肩一起努力，就不能要求別人超時工作。如果你不能時時以身作則，你就不能要求別人效法你，依照你的作風行事。

10 不要推卸責任

承認自己犯了錯誤並沒有什麼損害，不要推卸責任。

提高人氣指數

事業發展的關鍵是要對自己的未來負責。同時不管從事什麼工作都是不容易的，也都要有現實的態度。一個人一旦決定了一份工作，就必須要在工作中注意提升自己職場中的人氣指數。提升自己職場的人氣指數，這是工作穩定與否、快樂與否、晉升與否的一個關鍵。其實，職場人氣旺盛的成功人士與人氣低下的平庸之人，最大的不同就在於價值取向和人生態度的不同，這是根本原因。

今日職場競爭空前激烈，每個員工都恨不得在職場上擁有像世界級球星C羅納度那樣的超強人氣。所謂「人氣」就是更多的人們對其聚焦般的關注。

工作最直接的目的就是晉升和獲得高薪，而這一切在某種程度上都依賴於人氣指數，來自於他人的支持。「職場人氣指數」，即員工在職場上受關注、受歡迎和受追捧的程度，是員工教育背景、從業經歷、專業能力、業績紀錄、品行操守、個人魅力等的綜合體現。人氣指數越高，意味著你的身價越高，越接近成功。

通過與多名備受歡迎的優秀員工深入接觸後，我們提煉出其共性特點，並將其歸納為優秀員工提高人氣指數的九大途徑：

1【生涯標籤】設計職業形象

每個員工步入工作崗位後，約三年左右的時間裡，會自覺不自覺地形成特定的職業形象。行業與崗位不同，加上個人性格及習慣差異，會分化出不同類型的職業形象。

對於文職類人員，如行政、行銷，必定是彬彬有禮、西裝革履；專業技術人員通常穿著隨意，強調自我研發，甚至還可以是不修邊幅、個性張揚的自由職業者形象。但如果行政人員終日不修邊幅，不僅自己的形象令人難以接受，整個公司的形象也在一定程度上受到影響。因此，職業形象應符合人們的審美取向，充分結合自己的職業傾向，表達出你的個性特徵並有所堅持，這將逐漸成為你的生涯標籤。

2【受眾面】拓展社會交往

但凡在職場獲得成功的人，幾乎都擁有相當多的社會交往。經常參加各式研討會，以積極的態度，不斷結識優秀的同行、客戶及可能的未來雇主。學會善於恰到好處地展示自己的過人之處，給對方留下良好印象。在公眾場合，若有人想主動結識你，需馬上做出友善回應，讓對方感受到你的謙遜和真誠。多善待一個希望結識的人，就多增加一份人際關係，多一次事業良機。

原在某企業擔任中層經理的徐先生，平時交往甚廣，待人友好真誠，在一次社交活動中被人才顧問公司的資深顧問發現並結識。徐先生無意中的出色表現深得顧問賞識，數日後，徐先生即被成功舉薦到著名的跨國企業任職，薪資收入增加十倍以上，職場人氣亦迅速得到飆升。

3【地位】成為知名人士

每個人都有機會在特定圈子或範圍內成為知名人士，主要取決於你是否願意和有無勇氣。要提升知名度，你可以在公眾媒體上發表文章，闡明見解與立場，或參加論壇時爭取獲得向著名專家大膽提問的機會，並應先報自己的姓名與身分。如果你有機會，接受媒體採訪也是一種不錯的方式，關鍵是當機會出現時，一定要主動出擊，並在第一時間做出自然恰當的反應。總之，要有自己持續的系統思想，並通過公眾管道廣泛傳遞給更多人知曉。這樣你才有可能凸顯你的魅力。

4【動力】豐富教育經歷

對優秀員工而言，要想在職場中保持優勢地位，教育與培訓將會貫穿整個職業生涯。學習的方式很多，一般來說可以結合自己的專業或崗位選讀在職研究生；如果有較長時間的管理背景，希望獲得系統先進的管理理念，可以考慮攻讀MBA，國內外院校均可；專業技術管理者可以參加正規的專業培訓，盡力獲取全球承認的資格認證。

你可以向職業規劃顧問諮詢，分析和評估自己需要通過學習和培訓來加強的地方，有的放矢。資訊科技時代，知識更新週期空前加快，職場中人只有通過不斷學習獲取最新資訊，才能比別人擁有更多機會。

5【資本】提升工作業績

在職場中，絕大部分企業（雇主）評價員工的第一要素是業績。當你應聘一家仰慕已久的企業時，對方最關心的仍是你以往的業績。因此，如果你背景平平，務必爭取在現任公司裡拿出最大能耐，創造出傲人業績。

李先生剛念完碩士畢業時，基本上沒有工作經驗和業績。但在工作三年後，李先生已成為公司的行銷菁英，其帶領的團隊業績在公司內位居前三名。這樣至少可以獲得三方面主動：現任企業將重用或提升你；跳槽有了資本；將引起人才顧問公司關注，新機會也許就此來臨。

6【信用紀錄】講究職業操守

想要進入好的公司，以往的職業信用紀錄尤為重要。如果人品不正，為一己私利，不惜損害公司和同事的利益，其職業道路必會越走越窄。因此，要想在職場中贏得更多幫助和歡迎，你要做到的就是正直、誠信，尊敬和善待他人，增加對企業和社會的使命感。

王先生是著名通訊企業中的一名員工，掌握該公司最新的核心技術。有一外企欲許以相當於十五倍年薪的報酬購買該技術，遭到王先生的斷然拒絕。事情傳開後，王先生獲得了公司前所未有的信任和支持，在業界傳為佳話。

7【人緣】擴展人際關係

即使擁有很高的學歷，在職場或專業領域擁有一定知名度，但如果你與周圍同事或朋友的人際關係很緊張，仍然是相當糟糕的事。周圍人對你的評價會通過不同場合傳遞給更多人，這將在一定程度上直接影響你人氣指數的高低。所以，良好而廣泛的人際關係是十分重要的，它需要你以一顆友善、真誠和以幫助他人為樂的心換取。

8【個人魅力】親和力與個性

擁有良好的人際關係，一定是得益於你給人的親切感。儘管職場表現優秀，職位越來越高，但周圍的人與你交往並沒有很大的心理包袱，這就是親和力的作用。親和力讓你被更多人接受，人氣指數不斷上升。但你並不需要刻意討好眾人而喪失自己的個性特徵，你不能一味地人云亦云，讓人覺得毫無特點，進而對你失去興趣。因此，在尊重別人見解的基礎上，充分調動自己的優秀氣質，釋放你的觀點和智慧，用個人魅力吸引周圍的人。

9【團隊精神】培養集體意識

在職場中，即使擁有多方面優越的內外環境和資源，若想長期保持強勢人氣，只有一種方法最奏效，就是經常給周圍的人帶來快樂，甚至偶爾帶給他們意想不到的驚喜。當你因業績優秀或表現出色獲得嘉獎時，切勿貪功獨占，應由衷地認為這是你的團隊緊密合作的結果，真誠地與團隊、夥伴分享成功的喜悅，共同感受其中的快樂。當你獲得榮耀時，你的團隊和朋友均會發自內心地以你為榮，並與你共享，這是何等美妙的感覺。

以上便是提高人氣指數的九大途徑。但這也並不意味著你馬上就可以成為一名優秀的員工。在具體操作上，還有許多值得注意的地方。要獲得職場上的成功，每項都缺一不可，唯有看成一個整體來對待才能事半功倍。但人才公司顧問們認為，當具備了最基本的競爭元素（教育背景與工作經歷）並已達到一定層次後，職場上的選擇取向更應該向更高層次發展。這時，一個優秀員工應該著重加強自己全方位的素養。

職業操守和工作業績是判斷你能否被委以重任，你實際能力和資源貧富到底有多少的綜合體現。

團隊意識和人際關係是考慮你是否適合從事管理或領導工作，並帶領團隊有效開展工作的重要因素。

教育經歷和職業形象被用來衡量你是否可能融入公司企業文化，因此你的學習能力和生涯標籤必須得到認可。

親和力和個性特徵能夠讓企業領導者相信，你可以使公司保持良好的工作氛圍。

成為業內知名人士和擁有廣泛社會交往，能令你獲得更多的選擇和機會，從而在職場上更加主動。

每一位職場中人，其獨特優勢和劣勢並非一成不變，這取決於後天的自我打造和歷練。只要相信自己，不斷充實自己，終將會成為職場中的常青樹。

如何在職場做強做大

在競爭越發激烈的社會裡，對優秀員工的素質要求越來越高。有發展前途的員工不僅是技術專家，還需精通一些領導藝術；不僅要勝任卓有成效的工作，還要和團隊在同心協力中完成既定目標，並時刻準備迎接新的挑戰。優秀員工應具備八種關鍵素質才能使你在職場做大做強：

1 胸懷坦蕩

不斤斤計較個人得失，能諒人之短，補人之過。善於傾聽不同的意見，集思廣益。善用一種包容和關懷的工作方式。對集體取得的業績看得比個人的榮譽和地位更重要。

2 團隊的凝聚力

未來的企業更需團隊組建者和信念的傳播者——即能夠與所有團隊成員建立良好關係，是一個具有企業忠誠理念的人。

3 感染力和凝聚力

能用言傳身教或已有的業績，在領導層和員工中不斷增強感染力、凝聚力的人。這種人在公司中，通過自身的感染力來影響大家，堅定大家的信念。

4「做大夢」的能力

能夠對領導階層提出的眾多議題，提出自己新穎的思想、具建設性的意見或建議，把握好前進的方向，不斷培養自己帶領大家超越現實。

5 同情心

在工作中，努力去瞭解別人，並學會尊重別人的感情。選擇人們普遍接受和認可的方式，用一顆博大的仁愛之心贏得眾人的支持。

6 預知能力

技術和全球化要求人們在工作中擁有新技巧、新能力和新的做事方式，以應對市場的瞬息萬變。這就需要有創新精神和預知能力。

7 醫治能力

對於一個優秀員工來說，當工作出現重大變故時，能像一位成熟的外科主治醫師那樣及時醫治是非常了不起的。

8 建立網路能力

只有建立「上掛、橫連、下輻射」的公眾行銷網路，溝通協調好社會各界關係，才能不斷拓展生存發展空間。

在職場中把事業做大做強是許多人的追求目標，但如果你在追求目標時不得其法，可能就會走一些彎路。那麼，在職場中把事業做大做強有哪些正確的途徑呢？

1 發現自己的職業興趣

一個人只有在從事他所熱愛的職業時，並能充分發揮自己的能力時，才能更快地取得成功；而成功是在職場中把事業做大做強的基礎。所以，他應該清楚地瞭解自己，找準自己的位置，找出符合自己的職業興趣、能充分發揮專長的職業。

2 尋找快速成長的行業

如果你在一個處於下坡趨勢的行業裡，你顯然難以長久地在職場中把事業做大做強。所以，你應該就你的職業方向進行研究，尋找快速成長的行業。

3 進入具有高績效的企業

你要設法對你想要進入的企業進行瞭解。比如：它的組織結構是否合理、員工素質怎樣、技術是否領先、產品在市場上的前景怎樣、企業是否為員工提供長遠的發展空間等等。

4 在崗位上做出業績

在職場中把事業做大做強來源於個人工作的高績效。企業付給員工薪水，就是期望員工完成工作條件所規定的職責。但如果你能做出更高的業績，你就能獲得比別人更高的薪水，也就能在職場中把事業做大做強。

5 使你的績效可見化

有的工作因為難以量化，或者有時因為管理者的忽視，績效不錯卻未必能得到相應的報酬，也就使得你難以把自己的職場事業做強做大。比如：你協助主管完成了一個專案的規劃，但後來隨著專案的終止，主管很可能會忘記你在這項工作中的出色表現。因此，在創造績效的同時，要力圖使績效可見化。比如，為自己建立績效清單，內容包括任務內容及目標、任務結果等，在年終考核面談時，作為爭取較高的績效評估的有力證明。

6 成為企業不可缺少的人

你應該時刻關注企業的發展趨勢，瞭解行業的最新動態，並且思考企業在未來的發展趨勢中，需要什麼技術或才能，以便及早準備，使你的個人價值在持續挑戰中水漲船高，使自己成為企業需要的人才。這樣，你就能把職場事業做大做強。

向上司提出晉升要求的策略

晉升的機會來了，各種小道消息在公司蔓延。那麼，在面臨這樣的機會時，蠢蠢欲動的你要不要主動找上司反映自己的願望，提出自己的要求呢？這常常是人們為之苦惱的事情。因為，如果不去要求，很可能會失去機會；如果要求，又擔心上司會認為自己過於自私，爭名奪利，究竟該如何辦呢？

其實，實事求是地向上司反映情況，提出自己的渴望和要求，絕不屬於自私和爭利的範疇，而且是十分正當的。在平等的機會面前，我們每個人都有權利去獲得自己應該得到的東西。

而且，作為上司來說，由於其時間和精力的有限性，不可能完全瞭解每個人的情況，有時也可能會被一些表面現象蒙蔽。既然如此，我們為什麼不可以主動地幫助上司瞭解情況，以便他做出更為公允和明智的決定呢？相反，如果你不去反映情況，只能是自己對不起自己了。

然而，在這裡也應該注意一個問題。眾所周知，每一次的晉級名額常常是非常有限的，僧多粥少不可能人人有份。在這種情況下，如果要向上司主動提出要求，最好事先做一番調查，並就部門的各個人選做一番分析，而且還須掌握一定的方式方法：

1 不能過分謙讓

《聖經》中有這樣一則故事：有位先生仙逝後欲進入天堂去享受榮華富貴，於是就去排隊領取進入天堂的通行證。由於他不善於競爭，後面的人來了直接插在他前面，他卻保持沉默，絲毫沒有任何反抗或不滿，就這樣等了若干年，他仍站在隊的末尾，始終未得到他想得到的東西。

這個故事對我們深有啟發。人世間處處充滿著競爭，就社會來講，有經濟、教育、科技的競爭，有就業、入學的競爭。就晉升來講也不例外，在通向金字塔頂的道路上，每一步都是競爭的足跡。對同一職位的覬覦者不止你一個，因此當你瞭解到某一職位或更高職位出現空缺，而自己完全有能力勝任這一職位時，保持沉默絕非良策，要學會爭取，主動出擊，把自己的想法或請求告訴上司，往往能使你如願以償。作為下屬，向上司提出請求時應講究方式，不能簡單化。宜明則明，宜暗則暗，宜迂則迂，這要根據上司的性格、你與上司以及同事的關係、別人對你的評價等因素來定。

2 預先提醒上司

在正式提出問題和上司討論之前，做出一兩個暗示，表明你正在考慮這件事，這樣就不會在你和上司正式談及此事的時候發現他毫無準備了。你可能認為這只會給他時間搜羅理由拒絕你的要求，但是請記住，你的目的並不在於要去贏得一場辯論，而是要使上司確認給予你提升是出於對大局利益的考慮。假如上司有所保留的話，你應該瞭解其中原因（在瞭解以後，你也許會發現，你選擇了錯誤的職業，或是這家公司並不適合你）。

3 選擇適當時機

通常，應該在上司情緒好的時候這樣做。如果他的愉快是你的業績引起的，那就更妙了。選擇時間非常重要，把你的要求作為工作日的第一份報告呈交給上司往往很難奏效。

4 用事實證明你的業績

與其告訴上司你工作是多麼努力，不如告訴他你究竟做了些什麼。可以試著用一些具體的數字，尤其是百分比來證明你的實績；同時，要避免用描述性的形容詞或副詞。比如，不要說：「我與某某公司做成了一筆生意。」而說：「我與某某公司做成一筆一百萬元的生意。」這也就是說，盡可能地讓事實替你說話。

最好的方法是簡單地寫一份報告給上司，總結一下你的工作。如果你這麼做，白紙黑字，數量詳盡，就使他能及時瞭解你的業績，而且日後也能查閱，同時，也就用不著去說那番聽起來使人覺得你自吹自擂的話了。

5 向上司指明提拔你的好處

不可否認，這並非是那麼容易做的，因為你是申請人，上司則是決策者，而有關你各方面的資料又有限，因而是否滿足你的請求需要考慮。然而，如果更仔細地想想，還可以拿出理由，說明你所期望的提升對於授予者也不無裨益。假如要謀求提升，還可以指出權力的擴大會使你為上司完成更多的工作，更有效地處理你手頭上的事情，而如果想得到加薪或別的要求，那麼你可以告訴他，這樣能讓別人認識到出色的工作是會得到獎賞的。要使人信服地認可你的提升會使他得到好處，你確實需要動一番腦筋，但是努力多半是不會白費的。

6 勿要脅

下屬的要求一旦遭到拒絕，轉而用「離職」或「不辭而別」的做法來要脅上司，往往會引起上司的不滿。縱然上司屈服於威脅了，上下級關係卻失去了信任感，而要使信任感恢復原狀，即使可能，也是十分艱難的。

人事變動前的「熱身」活動

在很多時候，上司需要經過下屬在言語或行為上的提醒，才能觸發起升職的念頭。當你瞭解上司是這種被動的人之後，與其期望他對你主動做出提升的安排，還不如好好為自己的將來動腦筋來得實際。為自己創造升遷機會之前，必須先做好一些必要的熱身工作：

1 讓上司依賴你

多花些時間搜集有關工作的資料，遵守公司的規則，多找些機會與上司接觸。久而久之，上司已經習慣於依賴你的工作能力，你就奏響了獲得晉升的前奏。

2 發揮各方面的才能

別老是專注於一項工作的專長。否則，上司為了怕找不到合適人選替代你的位置，就不會考慮到有關你的升遷問題。雖然專心投入工作是獲得上司賞識的主要條件，但除了做好本身的工作外，也要讓他知道，你具有各個方面的才能。在其他同事放大假時，你可以主動提出替同事處理事情。這樣做，一則可以從中學到更多東西，二則證明你對公司有歸屬感。

3 與上司建立友誼

這是不容易做到的。特別是異性之間，太過親密反而會使同事產生誤會，從而對前途有害。不過，你不要奢望上司會對你付出真正的友誼，他只是需要感到你的友善罷了。然而，能夠達到這一目的，也就足夠了。

4 瞭解公司的制度

先瞭解公司的晉升制度，才能有明確的為之奮鬥的目標。一般來說，公司的晉升制度有以下幾種：

【第一種】選舉晉升。以一小撮人選出某人的晉升，人事關係的因素較大。

【第二種】學歷晉升。上司深信，學歷高的人會為公司帶來更大的利益。

【第三種】交叉晉升。是指由一個部門升級到另一個部門。

【第四種】超越晉升。是指由於貢獻特大，從而獲得較大幅度的提升。

以上所列，是帶有普遍性的大多數公司中的晉升制度。每一家公司都有其晉升制度，如果你所在的公司是以循序漸進的方式晉升的話，那就很不走運了。儘管你很有才幹，也得熬上多年，才能期望得到一個較大的晉升機會。對於一個有才幹的人來說，在這種晉升制度的環境下工作，才能會得不到充分發揮。因此，積極進取和自信的人，應選擇可以超越晉升和交叉晉升的公司，挑戰性比較大，個人的發展前途也比較光明。在一個理想的環境之下，遇到公司有高職位的空缺，如果你對這個職位有興趣的話，可以參考下列方式進行操作，這對你獲得晉升會大有裨益。

1 瞭解該職位誰有資格勝任

所謂知己知彼，百戰百勝。雖然瞭解別人並不一定必勝，但是最低限度，你能由此知道，需要擁有什麼條件才能獲得晉升，從而為了晉升機會做好準備，打下基礎。

2 讓上司知道你對該職位有興趣

在表明意願的時候，最好能提出具體的證明，說明你有足夠的資格勝任那個位置，對公司做出更大貢獻。這似乎有點令人難為情。實際上，不少上司為了選擇合適人選大傷腦筋，你這樣做是在給他解決難題。正如毛遂自薦那樣，也需要具備一定的自我推銷能力。過分含蓄和謙虛，在現代社會是吃不開的，往往會成為前途的絆腳石。

3 讓上司知道你將對公司做出貢獻

不要讓上司覺得你只是在考慮晉升後能得到什麼報酬，這一點很重要。上司最擔心和討厭那種一味追求個人私利的人，他們覺得這種人過於自我鑽營，實際上也是華而不實，沒有多少能力。假如把這種人提升到較高職位的話，只會給公司帶來不利影響。

因此，你應該讓上司感到你並不是那種單純追名逐利的自私之輩，而是有很強的事業心和責任感。讓他覺得你之所以想得到較高職位，是為公司的前途和利益著想，是為了實現自己的事業心。

4 儘管晉升的人選最終落在別的同事身上，也不要因此沮喪和不合作

你的每一個表現，都看在別人的眼中。因此，你要表現出大將風度，不以一城一地之得失而或喜或悲，應把眼光放長遠些，為下一個晉升機會的來臨做出準備。

該跳槽時就跳槽

當在一個公司感覺處境不妙時，不但無用武之地，可能連開展正常工作都很困難；或是覺得「廟」

太小，無法學到更多有用的東西，只會埋沒自己的才華。那麼，就不要再浪費時間和精力，做出跳槽的準備，付諸行動。或者，雖不是你主動跳槽，而是被「炒魷魚」，也以自己主動跳槽般的心情接受它，另尋發展機會。堅信「天生我材必有用」、「樹挪死，人挪活」的信念，該跳槽時就跳槽。

1 處境不妙的徵兆

①莫名其妙地調動你的崗位。你的工作一直做得不錯，上司卻突然調動你的職位，而且僅以一個「工作需要」的模糊理由來搪塞你的質詢。

②重要工作沒有你的份。也許你一直承擔重要的工作，但現在卻派給別的人去做，把你撇在一邊。

③讓別人參與你職責範圍的工作。這並不是為了減輕你的工作負擔，而是有意要讓別人取代你。

④犯小錯卻重罰。本來可以提醒注意的小過失，你過去的經歷中或者同事都沒因這類過失而受罰，現在卻「認真」地處罰你。

⑤該獎勵的事不了了之。按常規該表揚或獎勵的成績，上司卻似乎「忘記」了。

如果出現上述現象，說明上司對你不再信任，也不會重用你，甚至想趕你走。對於一些不是「老闆」說了算的公家機關，上司可能在用這些辦法「溫柔」地逼你辭職。

2 被解僱時怎麼辦？

①坦然接受事實。一旦老闆決定解僱你，局面已非你的能力所能挽回了，因此不論你花費多大的心思阻止事情的發生，也是徒勞無益的，倒不如坦然接受事實。當壞消息來臨時，痛苦是難免的，但是犯不著讓痛苦吞噬你，要有勇氣為自己安排後路，為有尋求新的發展機會而自慰。

②適當地詢問被解僱的理由。這對你再去尋找工作極有幫助。在你的追問下，如果不是因效益而正

常裁員，老闆會提出幾條理由的，或是你工作上出了問題，或是與周圍同事沒搞好關係。知道了被解僱的原因，可以加以改正，以免在新的公司重蹈覆轍。

③大膽地爭取正當權益。如果老闆不按勞動政策保障的相關權益對待你，應大膽地爭取，比如給予一定的找工作時間（工資照發），按契約規定的一些條款，比如是否在工作期間有勞健保等等。如果解決不了，可以找勞工局處理，直到訴諸法律。

④不要有「破壞」行為。有的人被解僱後很氣惱，想報復一下，如破壞生產用具、散布對公司不利的謠言、出賣公司的內部情報、竊走一些機密資料，諸如此類的「破壞性」行為不要做，弄不好，老闆會讓你吃官司。

3 主動辭職技巧

①目的一定要明確。為什麼辭職，一定要想清楚。是因為混不下去，還是有更好的工作在等著自己？如果有更好的工作在等著自己，一定要認真評估一下，你棄舊圖新的目的是什麼？是為了獲得更多的收入，還是為了獲得更為綜合的發展？弄清楚自己的目的以後，再來比較一下舊工作與新工作哪個更能滿足你的目的，然後再決定是否要主動辭職。

②找出「正當理由」說服上司放你走。如果以無用武之地為辭職理由，由於傷了上司的自尊心，可能會故意「卡」你。因而一定要找出一個「正當理由」，讓上司感到確實難以拒絕而他也辦不到，就只好同意。比如，以收入低為理由時，就要把你的家庭經濟困難的程度渲染一下，讓他覺得他無法幫你解決困難，而不得不讓你去尋找更高收入的工作。

③不要以失敗者的形象辭職。有的人因為犯了錯誤而覺得沒有臉在這個公司待下去，就想趕緊走人

了事。這種辦法雖然可以擺脫困境，但對日後的求職或工作有不良影響。人們會說：「他是在某公司沒臉混下去，才來我們這裡的。」這等於又給自己製造了一個非常不愉快的工作環境，比在原公司好不到哪裡去。因此，有失敗紀錄的人，要硬著頭皮堅持一段時間，等別人漸漸忘了自己的失敗以後，再走不遲。

④自動離職。這是跳槽者應盡量避免的方式。所謂自動離職是指本人固執己見地離開工作崗位。一般表現為曠工超過規定時限，或要求留職停薪及辭職未獲公司同意而擅離職守。

4 跳槽求職的技巧

跳槽具有某些特殊性，用人公司除與招聘新人員一樣注重各方面的能力外，還特別重視你在原公司的工作情況、人緣關係，以及你跳槽的原因、目的、希望等。針對這種特殊性，對跳槽求職者來說，就更要注意幾點：

①要凸顯過去的工作成績。過去的工作成績可以反映你的工作水準和能力大小。任何公司都希望得到一個工作出色、精明能幹的人。

②要中肯地說明跳槽動機。在說明跳槽動機時，應強調自己在原公司工作上和生活上的困難，如夫妻兩地分居、小孩上學太遠等等，絕不能讓對方感到你在原公司是工作不稱職，或是不會處理人際關係。如果給對方造成你是被拋棄者的印象，求職肯定會以失敗告終。反之，要是能讓對方看到你在原公司正在擔負著重要的工作，人家就會對你感興趣。

③態度誠懇，不卑不亢。切勿低三下四乞求於人，更不能顯露饑不擇食的情緒，特別是對工資高、福利好的單位。

成功靠的是自身的優勢

肯定自己的優點不是吹牛，相反，是一種誠實的表現。一個人取得事業和社會中的成功，其中的因素是很多的，機遇、環境、心態、努力、工作……等等。

但很重要的一點是，你取得成功要靠你自身的優勢。那麼，你瞭解自身的優點，自己的優勢嗎？

所謂優點、優勢，就是任何你可以運用的才幹、能力、技術與你的人格特質，這些有時就是使你能有貢獻、能繼續成長的要素。

你可能比想像中的還要好。

通常，我們總覺得說自己的優點是不對的，因為我們的文化講究所謂的「含而不露」、所謂的「真人不露相」。在別人問起我們有哪些優點時，我們總是謙虛地說：「我不知道，不過我想我應該是有些優點的。」而一旦別人問起我們的缺點，我們倒是直率得可愛，不管有沒有總是要「一、二、三、四」地羅列出一大堆，似乎不把自己說成「人渣」別人就會誤解自己不謙虛。

我們活得可真累！

其實，所謂的「真人不露相」也只是暫時「不露相」，你不可能一生一世都不露相。到了該露相時仍然不露相，這就已經不是謙虛，而是虛偽或者壓根兒是一個懦夫了。

所以，我們在某些方面確有優點而去竭力地否定它、掩蓋它，這種做法本身既不符合人性本身，也在一定程度上表示了你的不誠實。肯定自己的優點絕不是吹牛，相反地，這才是一種誠實的表現。

我們要弄清楚自己到底有哪些優點，弄清楚自己到底是一塊什麼「料」，因為人生的成功就靠我們提供的「料」了。

成功需要優點，需要我們去揚己之長避己之短。比如，你擅長形象思維，或者擅長抽象思維，那麼就不要強求自己去做並不適合做的事情，因為即使做了恐怕也難有收穫。從另一個角度講，即使你的工作環境暫時與你的自身優勢和優點有所不合，這時候你仍可積蓄自身的潛能，力求在本質工作中創出一個可以揚己之長避己之短的小環境來。

從社會發展的大趨勢和成功人士的經驗來看，一個人要想取得事業的成功，只有自身的優勢不斷成長、累積，最後才能將優勢轉化為勝勢。

在我們的周圍，有人將發揮自身的優勢理解為不停地跳槽，企圖在不間斷的跳槽中尋找到自己的成功之路。其實，這麼做未免絕對化了一些。常移的樹長不大，一個人要做出一番事業，需要一個相對穩定的目標，需要一種持之以恆的精神。如果你一味地跳來跳去，最後有可能連你自己也跳亂了。

立足於自己的本職工作，是發揮自身優勢、順勢成才的重要途徑。當然，本職不僅是指一種定性的職業限制，更是一種力求上進的精神，一種更有利於發揮自身優勢的生存條件、生存環境。善於把握自身優勢的人，往往是那些立足於本職工作取得成就，或為未來的騰飛進行人生累積的人。

本職工作不是跳板，而是奉獻與成功的基石，這是把握成功的重要戰略。

面對坎坷職場路

在我們幾十年的職業生涯中，總希望能一帆風順，功成名就。然而，職業生涯道路並不平坦，競爭的坎坷和挫折幾乎不可避免。一旦發生危機，就會導致我們整個生涯失衡，影響我們的發展和進步。所以我們必須學習和掌握應付危機的方法：

1 沉著應戰

危機的發生，有的是自身原因，有的是外界原因，還有的是內外混合作用的。當你處於不利地位時，如能穩定陣腳，保存實力，還有許多轉敗為勝的契機。在危機面前，消極等待絕對沒有出路，沉著應戰才有扭轉頹勢的可能。

以下是沉著應戰的三點原則：

①知己知彼。首先一定要知道：危機產生的外部原因是什麼；目前已經達到了什麼程度；將會達到什麼程度；最終將對個人產生怎樣的後果；與危機有聯繫的外部環境有什麼變化；有無推動或抑制的外部力量等。

要瞭解這些，就要先冷靜地觀察現狀，設法把問題的癥結找出來，經過一番整理之後，任何複雜的情況都可以理出個頭緒來。

然後是冷靜地分析自己，找出陷入危機的個人原因是什麼；對自己目前處境造成的影響有多大；最終將導致什麼結果；自己有無克服危機的能力和條件等。

②訂一套應變策略。既然已經瞭解危機的內情，就很容易訂出一套應付危機的策略了。應變的策略是在分析危機形勢的基礎上，制定出完整的方式步驟。形勢不同，策略也不同。

進的策略：知難而進，迎難而上，不回避矛盾，在競爭中扭轉局勢。

這是一種積極主動的以攻為守策略，必須是危機產生的原因和影響不在於自己一方，而在於對立的一方。從眼前看，雖然自己處於劣勢地位，但能尋到對方的弱點，果斷地迎頭反擊，很快就能變劣勢為優勢，掌握主動權。

退的策略：在強勢面前，以退為守，保存實力，待機反擊。

陷入危機，莽撞出擊不但不能取勝，反而會遭到更大的打擊，喪失東山再起的資本和機會。這種情況下，就要有甘願受辱的韌性，避免與對手直接交鋒，採取明哲保身的戰術。跌倒了並不可怕，關鍵是要積蓄力量，重新爬起來。在危機已不可挽回時，不要計較一時一地的失利，讓自己作一時半晌的喘息，恢復一下元氣，應該說是較佳的選擇。

斡旋的策略：在危機並不嚴重的情況下，消除危機。

如老闆不信任自己，但也不想辭退自己時，可以採用不即不離、不冷不熱的態度，與之周旋以保持現狀，打持久戰，等待和尋找機會改變局面。斡旋的餘地，就是生存的空間。在這個空間裡，定能得到鍛煉和考驗。

既不進攻，又不退卻，實質是又進攻又退卻，進攻中有退卻，退卻中有進攻。進是為維護自己的利益；退是為了防止更大的害處。在斡旋中求生存，累積力量，尋找機會，是走出危機的前奏。

③做到有理、有力、有節。當不競爭不足以擺脫困境的時候，應戰是成功的祕訣。沉著應戰的表現，就是有理、有力、有節。全面分析把握事物的性質，從中找出有利於自己的部分，看看屬於自己的這些理由，是否能站得住腳，是否能辯倒對方。據理雄辯，才能使對方只有招架之功，沒有還手之力。即使不能完全走出困境，也可以減輕危機帶來的痛苦，還會使自己得到鍛煉，並贏

得社會聲譽。

當然，這種行動需要勇氣和理智，這是對人格、才智、氣魄的考驗。如果沒有理，卻硬要辯出三分理來，就叫胡攪蠻纏，只能越搞越糟。只有抓住理，才能把握住轉敗為勝的契機。

2 修正缺點

完美的人不是不犯錯誤的人，而是能夠不斷修正錯誤、使自己日趨完善的人。危機的發生，內在因素是主要的。別人能把自己打倒，但只是暫時的；長期打倒自己的只能是自己。

在陷於危機時，不要僅僅分析導致危機的外在原因，更要好好反省主觀方面的原因。如果不能吸取失敗的教訓，即使能夠走出困境，以後也難免重蹈覆轍。而糾正缺點需要勇氣，也需要智慧：

①作一次盤點。冷靜地對自己的思想言行作一番清理，像清查帳目一樣，虛實盈虧、來龍去脈、優點缺點都逐條列出一份清單，寫在紙上，一目了然，以便總結經驗教訓，找出解決危機的方案，順利地度過難關。

②亡羊補牢。在受到損失之後，想辦法補救，免得以後再受損失。經過自我盤點，你應該對你的優缺點有一個清楚的認識，也能夠找出發生危機的具體原因。發現問題不是目的，目的是解決問題，也就是要做好亡羊補牢的工作。

無論是主觀原因，還是客觀原因，危機對自己的前途都是不利的，也是人生中的挫折。這時，抱怨外界和悔恨自己都是無益的。因為這無助於危機的解決。有益的努力，就是要認真地反省過失，吸取失敗的教訓，把痛苦的教訓當作改正缺點的契機。對於自身主觀原因造成的危機，要有決心和勇氣改變。要爭取擺脫或改善不利環境，以免招致更大的災難。

③校正生涯方案。職業生活是你職業生涯的基礎，因此，職業生活的變故，必然影響整個生涯面貌。在遭遇危機以後，你是否還能對原來的職業生活充滿信心呢？對此，一定要具體分析。

一般而言，危機會影響職業生涯的正常運轉，也可能由此而改變整個生涯軌跡。但是，在挫折面前，你不能不認真地重新審視主客觀條件，進而校正未來生涯的方案。過去不可追，未來尚可為。

在任何情況下都不能放棄對未來的信心。從大處著眼，根據具體情況作判斷。不要指望生涯一馬平川，無風無浪。要充分認識到，生涯就是挑戰，有鮮花，也有荊棘；有坦途，也有險灘。生涯是變幻莫測的，但命運掌握在你自己手裡。人非聖賢，孰能無過？在生涯的道路上，誰都會有馬失前蹄的時候，如能積極地吸取教訓，修正錯誤，就不失為聰明人的做法，也就能有利於競爭。

3 作最壞打算

危機有輕重之分。輕者，經過努力可以轉危為安，無礙你的前途；重者，雖百般努力仍難以擺脫困境。任何一種危機都有一定的危害性，估計不足、掉以輕心，你就可能承受不住現實的嚴酷打擊。因此，在危機來臨時，作最壞的打算，就等於築起一道心理防線，有助於你克服輕率莽撞的心理。

在突然來到的打擊面前，很多人難免會悲觀或失去信心，事實上，與其這樣胡思亂想，還不如乾脆承認這是最壞的情況，結果反而會輕鬆得多。因為只要一想到現在的情況是最糟糕的，以後再也不會比這更糟糕了，那麼，心理上就會安定下來。這種心理變化乃是促使事態好轉的原動力，能使你恢復自信，排除困難。

作最壞的打算，不是一味地退縮忍耐，束手無策，而是通過認清形勢，增加心理承受能力，做破釜沉舟式的抗爭。海頓教誨學生時說：「不得意時，只要把頭抬起來，不但能變成得意，而且還能變成大得意呢！」

你如果想擺脫困境，或期望從不如意的境地走出來，就不應忘記「不得意才是大得意的轉機」這一道理，使之成為強有力的自我暗示手段。只要具有強大的精神後盾，就能增添奮鬥的幹勁。

這等於說，在萬分危急之下，只有背水一戰才能成功。如能在面臨危機時，下意識地斷絕自己的退路，把自己置於只能前進、後退無路的狀態下，常常可以扭轉劣勢，獲得最大的成功。

應付危機需要鬥智鬥勇，對戰勝危機不能心存僥倖。因此，要有應付災難的準備，以免災難臨頭時不堪一擊，導致澈底失敗。作最壞的打算，關鍵是「打算」，在最壞的情況出現時，你打算怎麼辦？

不同的人會有不同的設計方案，但最重要的一點是，不能簡單地就表示絕望，在某種情況下，必須要堅持到底才對。凡事不能先行畏怯，失去信心。倘若鬥志與意志都喪失，那就無可救藥了。

如果以積極的態度去籌劃未來，結果可能會是另一個樣子。要想到，災難雖然是客觀存在的，但天無絕人之路，等待也好，掙扎也好，只要一息尚存，就有機會。

記住，任何情況下都不可心灰意冷。哀莫大於心死，只要心不死，你便有希望。

與主管的相處之道

在現代管理體制中，下屬被管理者按制度劃分成不同的部門，而當他們面對兩個或兩個以上管理者的交叉管理或者是重複管理時，就會感到無所適從，這個時候下屬有必要學一學回避或拒絕的方法。

1 不要做和事佬

有人請你做公事上的「和事佬」，你其實有不少應留意的要點：

部門主管們之間，有太多的微妙關係存在，大部分是亦敵亦友的。無論私交如何要好，在老闆面前，競爭自然免不了。今天，某甲跟某乙像最佳搭檔，很有可能幾天後，兩人反目變成仇人。

所以，某些人可能為了某些目標，希望化干戈為玉帛，以方便日後做事。但親自出面又太唐突，於是便找來「和事佬」。本來使人家化敵為友是一件好事，但做好事之餘，請做些保護自己的工作，亦即是給自己的行動定一個界限。

例如有人請你做「和事佬」，你不妨只做飯約的說客，或作為某些聚會的發起人，但不宜將責任全往頭上冠，反客為主。你最好是對雙方面的對與錯，均不予置評，更不宜為某人去作解釋，告訴他倆「解鈴還須繫鈴人」，你的義務到此為止。

對公司、上司不滿，永遠大有人在。遇上有同事來訴苦，大指某人有意刁難他，或公司某方面對他不公平，應該既關心同事的利益，又置身事外。

2 不要忍氣吞聲

如果你的上司經常朝令夕改，讓人不知所措，實在讓人有「左右做人難」的感覺。

究竟上司這種態度的動機是什麼？有些人確是優柔寡斷，偏偏有的上司就是有這種性子，加上他地位比你高，自然是改變初衷也無歉意。

在這種情況下，最好什麼行動都遵照他的旨意，只是既然有了「隨時改變」的心理準備，凡事未到最後期限，就不必切實執行。例如做計畫書，只做好草稿，隨時再做加減，就是比較聰明的做法。

要是你發現上司這種態度原來是故意的，目的在挫你的銳氣或是弄權，那該怎麼辦？在適當的時候，做出某些反應吧！例如，你遵照上司指示，做妥了一個計畫書，呈給上司時，他竟然力指計畫書之不足，不妨這樣說：「一切都是依你的意思去做的，還有什麼要修改的呢？」

3 不要做夾心餅乾

兩位經理大鬥法，你是中間人物，應該如何應付呢？最大的可能性是，兩人都希望拉攏你，卻又不能太露骨，在言詞上表達，或在工作上給甜頭，聰明的你當然明白其用意。但同時，你是不可能一直裝蒜下去，必然要表明立場，否則會被視為牆頭草，那就更不妙了。

那麼如何抉擇呢？要順利地踏上青雲路，你當然也得選擇自己要走什麼路。例如決定了朝業務發展的方向走，自然是倚向業務經理那一邊了，他把你當心腹，自然對你好的。但你的難處就是，要令另一位經理不至於把你視作眼中釘，給自己樹大敵，埋下定時炸彈。所以，你在業務經理面前，最好只著重聽他的指示，不隨便提意見，尤其是不要講另一位經理的壞話。同時，在後者面前，要有意無意間表示你只是人在江湖，並非針對他本人。

假如有別的主管犯了大錯，公司的高層人員大為震驚，又開會又討論的，而且老闆還可能私下召見你，問你各方面的意見，就是其他部門主管（受牽連的與不受牽連的），也有可能找你談。這種種情況，需要好好的面對。

聰明的你，最好是打太極，這樣不明，那樣不知，最後還補充說：「老闆，你究竟對整件事有何見解？我倒想跟你學習觀察觀察。」這樣，既保護了自己，又沒有傷害別人。

社會新鮮人的競爭優勢和缺點

剛從學校畢業，進入公司工作的社會新鮮人朝氣蓬勃，就像「七、八點鐘的太陽」，散發著令人眩目的光彩，他們有著一般員工沒有的過人之處：

1 精力充沛

剛畢業的新鮮人大多是二十幾歲的年輕人，他們正處於人生中的黃金時段，而且又懷著想成就一番事業的理想，因此他們願意承擔較繁重的工作。

2 感覺敏銳

剛畢業的新鮮人帶來的另一個優勢是，對事物的反應快，能迅速認清事物，接受新事物的速度快。現代社會恰恰是發展迅速、日新月異的。知識在不斷的更新，公司每天也可能有新變化、新決定。剛畢業的新鮮人往往能比老職員更快領會變化的意義、找到決定的真諦，策劃出恰當的措施。

3 有發言力

有句古話叫：「言多必失。」傳統上，很多人的習慣是有話放在心裡，不關我的事就不發表言論，這表現在工作上為：很多職員有新想法也不敢提，寧願默默無聞地做老黃牛。

現在，學生在學校中常常能接受多方面的教育，有很多的社團組織可以參加，有的甚至自己創建新的社團、協會等等，這類學生成為社會新鮮人後，往往都有挺好的語言表達能力，能夠清楚地表達出自己的觀點，而且他們的觀點往往又有獨特的見解和很強的邏輯關係。這樣敢講會講的新人常常很快就能脫穎而出，受到公司的重用。

4 受教育水準較高

在過去，這類社會新鮮人扮演的都是學生的角色，他們通過接受學校、家庭的主導教育而進行和完成社會化的任務，社會化的基本內容，如：教導基本生活技能、教導社會規範、指點生活目標、培育社會角色等，已經得到一定程度的掌握，尤其是通過大學幾年的學習，他們具備了較高的認識問題、分析問題乃至解決問題的能力。這類社會新鮮人有的甚至是碩士或博士，而且對現代社會的看家本領外語和電腦都比一般人掌握的好。

5 創作力旺盛

對剛畢業的社會新鮮人，有一種很形象的比喻：「初生之犢不畏虎」，他們大多有著旺盛的鬥志，豐富的創作力，敢於提出自己的想法，並且會不斷湧現出新的創意，他們對工作充滿了熱情。

不過剛畢業的新鮮人雖具備以上優點，有些缺點也是社會新鮮人不得不提醒自己要多加注意改正的：

1 缺乏耐性

缺乏耐性，是幾乎每個剛畢業的社會新鮮人都有的缺點。

因為年輕，所以這種新人大多都能想出很多很好的創意，但是要他們將之付諸成完整的計畫，只有少數的佼佼者才能做到。而且這類新人辦事往往只有五分鐘熱度，一旦遇到挫折或是出現問題，使事情不能順利進行，他們常會放棄，半途而廢，這樣是成不了大事的。

2 光會說

光說不做，這是很多人給剛畢業的社會新鮮人的評價。

剛畢業的社會新鮮人因為沒有什麼社會閱歷，也因為年紀輕的關係，很多事都是想當然耳，信口開河，說起來頭頭是道，滔滔不絕，自以為別人都會因此而敬佩自己，但實際上卻常會事與願違，遭到大家的鄙視。

有個笑話說，一個人在飯店大廳裡誇誇其談，「這個名人我認識」，「那件事我熟」，「我可以幫你解決這個問題」……他弄得大家的耳根都不能清淨，讓大家都很煩。這時，有個人故意問他：「說件你做不到的事，我們幫你做。」

那人竟回答說：「好，我付不起住飯店的費用。」

那個人就像某些社會新鮮人，連最基本的事——住宿費——都做不好，還在那誇誇其談，又怎麼能使別人信服呢？

3 理由特多

逃避責任，找各種理由開脫，也是社會新鮮人常見的缺點。

因為涉世不深，他們常常害怕承擔責任，又因為剛進入新公司工作，不想留下壞印象，所以他們總是採取逃避的態度，找理由開脫。

可是他們並不知道，很多時候，他們所謂的「理由」在其他人看來並不稱其為理由，他們只是強詞奪理罷了。

大學畢業生小董，剛上班一個月，就遲到了六次，別人問他為什麼遲到時，他的理由是路不好走，經常塞車。而公司裡另一個和他住在附近的人卻每天準時上班，從沒遲到。其實小董只要早起半個小時，早出發半個小時，就肯定不會遲到，因此他的理由在其他人看來，根本就不成立。

4 以自我為中心

「自私利己的，以自我為中心，不關心他人和公司。」是這一代剛畢業的社會新鮮人受人批駁的主要缺點之一。

因為在學生時代，他們的父母總是無償地給予他們各種關懷，而校園裡的教師也是本著教書育人的態度幫助他們，這些都使剛畢業的社會新鮮人養成以自我為中心的習慣。

出社會後，這些人一般不能立刻改變這種習慣，他們關心的還是自己的利益，不會主動考慮到別的同事或是公司的利益，凡事都以自己為出發點，想的是「我能從中得到什麼好處」，這樣並不有利於新鮮人的發展，甚至會得不償失，撿了芝麻，丟了西瓜。

這種新鮮人認為公司的生活與私生活是風馬牛不相及的，除非提出商量，要不然私生活不願受到干涉。像是小丁剛上班不久，遇到公司要舉辦一個大活動，全體職員星期天加班。連公司老總都來加班，可是小丁卻不來，其理由是星期天老同學聚會。小丁自以為理由很充分，很久沒聚會的同學見面，當然不能不去。可是他卻不知這已在公司老闆的心裡留下了很惡劣的印象。

5 缺乏經驗和鍛煉

對於剛成為上班族的大學生來說，由於體驗到將自己的能力發揮到極限的機會較少，經歷的事也少，因而不可避免地會有缺乏經驗、不成熟、缺乏深思熟慮、缺乏鍛煉等缺點，就像溫室裡的花朵，軟弱經不起考驗。

以上是剛畢業的社會新鮮人會有的缺點。社會新鮮人應該克服缺點，發揮自身優勢，努力工作，創出業績。

先做人
後做事

全集

先做人，後做事 全集（全新修訂版）

作　　者　王祥瑞
發 行 人　林敬彬
主　　編　楊安瑜
編　　輯　李彥蓉．王艾維．夏于翔
內頁編排　王艾維
封面設計　Aoife Huang
編輯協力　陳于雯．林裕強

出　　版　大都會文化事業有限公司
發　　行　大都會文化事業有限公司
11051 台北市信義區基隆路一段 432 號 4 樓之 9
讀者服務專線：（02）27235216
讀者服務傳真：（02）27235220
電子郵件信箱：metro@ms21.hinet.net
網　　　　址：www.metrobook.com.tw

郵政劃撥　14050529 大都會文化事業有限公司
出版日期　2017 年 12 月修訂初版一刷　2019 年 02 月修訂初版三刷
定　　價　300 元
ISBN　978-986-94882-8-0
書　　號　Success-087

4F-9, Double Hero Bldg., 432, Keelung Rd., Sec. 1, Taipei 11051, Taiwan.
Tel: +886-2-2723-5216 Fax: +886-2-2723-5220
web-site: www.metrobook.com.tw
E-mail: metro@ms21.hinet.net

Cover Photography: Shutterstock/173970959.

國家圖書館出版品預行編目 (CIP) 資料

先做人，後做事 全集 / 王祥瑞著.
-- 修訂初版. -- 臺北市：大都會文化, 2017.12
288面；17×23公分

ISBN 978-986-94882-8-0（平裝）
1.成功法 2.生活指導

177.2　　106016283

大都會文化　讀者服務卡

書名：**先做人，後做事 全集(全新修訂版)**

謝謝您選擇了這本書！期待您的支持與建議，讓我們能有更多聯繫與互動的機會。

A. 您在何時購得本書：_____年_____月_____日

B. 您在何處購得本書：__________書店，位於__________(市、縣)

C. 您從哪裡得知本書的消息：

1.□書店　2.□報章雜誌　3.□電台活動　4.□網路資訊

5.□書籤宣傳品等　6.□親友介紹　7.□書評　8.□其他

D. 您購買本書的動機：（可複選）

1.□對主題或內容感興趣　2.□工作需要　3.□生活需要

4.□自我進修　5.□內容為流行熱門話題　6.□其他

E. 您最喜歡本書的：（可複選）

1.□內容題材　2.□字體大小　3.□翻譯文筆　4.□封面　5.□編排方式　6.□其他

F. 您認為本書的封面：1.□非常出色　2.□普通　3.□毫不起眼　4.□其他

G. 您認為本書的編排：1.□非常出色　2.□普通　3.□毫不起眼　4.□其他

H. 您通常以哪些方式購書：(可複選)

1.□逛書店　2.□書展　3.□劃撥郵購　4.□團體訂購　5.□網路購書　6.□其他

I. 您希望我們出版哪類書籍：（可複選）

1.□旅遊　2.□流行文化　3.□生活休閒　4.□美容保養　5.□散文小品

6.□科學新知　7.□藝術音樂　8.□致富理財　9.□工商企管　10.□科幻推理

11.□史地類　12.□勵志傳記　13.□電影小說　14.□語言學習（____語）

15.□幽默諧趣　16.□其他

J. 您對本書（系）的建議：

____

K. 您對本出版社的建議：

____

讀者小檔案

姓名：______________ 性別：□男　□女　生日：____年____月____日

年齡：□20歲以下 □21～30歲 □31～40歲 □41～50歲 □51歲以上

職業：1.□學生 2.□軍公教 3.□大眾傳播 4.□服務業 5.□金融業 6.□製造業

7.□資訊業 8.□自由業 9.□家管 10.□退休 11.□其他

學歷：□國小或以下 □國中 □高中／高職 □大學／大專 □研究所以上

通訊地址：____

電話：（H）______________（O）______________ 傳真：______________

行動電話：______________E-Mail：______________________________

◎謝謝您購買本書，歡迎您上大都會文化網站（www.metrobook.com.tw）登錄會員，或至Facebook（www.facebook.com/metrobook2）為我們按個讚，您將不定期收到最新的圖書訊息與電子報。

先做人後做事

全集

北區郵政管理局
登記證北台字第9125號
免貼郵票

大都會文化事業有限公司
讀者服務部　收

11051台北市基隆路一段432號4樓之9

寄回這張服務卡〔免貼郵票〕
您可以：
◎不定期收到最新出版訊息
◎參加各項回饋優惠活動

98-04-43-04 郵政劃撥儲金存款單

收款帳號：1 4 0 5 0 5 2 9

金額 新台幣（小寫）：億 仟萬 佰萬 拾萬 萬 仟 佰 拾 元

通訊欄（限與本次存款有關事項）

我要購買以下書籍

書名	單價	數量	合計

購書金額未滿 1,000 元，另加收 100 元國內掛號郵資或貨運專送運費。總計數量及金額：共 ______ 本，合計 __________ 元

收款戶名：大都會文化事業有限公司

寄款人 □他人存款 □本戶存款

姓名

地址 □□□-□□

電話

主管：

經辦局收款戳

虛線內備供機器印錄用請勿填寫

◎寄款人請注意背面說明

◎本收據由電腦印錄請勿填寫

郵政劃撥儲金存款收據

收款帳號戶名

存款金額

電腦紀錄

經辦局收款戳

郵政劃撥存款收據注意事項

一、本收據請妥為保管，以便日後查考。

二、如欲查詢存款入帳詳情時，請檢附本收據及已填妥之查詢函向任一郵局辦理

三、本收據各項金額、數字係機器印製，如非機器列印或經塗改或無收款郵局收訖章者無效。

大都會文化、大旗出版社讀者請注意

一、帳號、戶名及寄款人姓名地址各欄請詳細填明，以免誤寄；抵付票據之存款，務請於交換前一天存入。

二、本存款單金額之幣別為新台幣，每筆存款至少須在新台幣十五元以上，且限填至元位為止。

三、倘金額塗改時請更換存款單重新填寫。

四、本存款單不得黏貼或附寄任何文件。

五、本存款金額業經電腦登帳後，不得申請撤回。

六、本存款單備供電腦影像處理，請以正楷工整書寫並請勿摺疊。帳戶如需自印存款單，各欄文字及規格必須與本單完全相符；如有不符，各局應婉請寄款人更換郵局印製之存款單填寫，以利處理。

七、本存款單帳號與金額欄請以阿拉伯數字書寫。

八、帳戶本人在「付款局」所在直轄市或縣(市)以外之行政區域存款，需由帳戶內扣收手續費。

如果您在存款上有任何問題，歡迎您來電洽詢
讀者服務專線：(02)2723-5216(代表線)
為您服務時間：09：00～18：00(週一至週五)

大都會文化事業有限公司　讀者服務部

交易代號：0501、0502 現金存款　0503票據存款　2212 劃撥票據託收

大都會文化
METROPOLITAN CULTURE

大都會文化
METROPOLITAN CULTURE

大都會文化
METROPOLITAN CULTURE

大都會文化
METROPOLITAN CULTURE